U0592080

犹太人凭什么

从0到1打造商业帝国启示录

范宸 ／ 著

中华工商联合出版社

图书在版编目（CIP）数据

犹太人凭什么：从 0 到 1 打造商业帝国启示录 / 范宸
著 . -- 北京 : 中华工商联合出版社 , 2016.5
ISBN 978-7-5158-1634-0

Ⅰ . ①犹… Ⅱ . ①范… Ⅲ . ①犹太人 – 商业经营 – 经
验 Ⅳ . ① F715

中国版本图书馆 CIP 数据核字 (2016) 第 070053 号

犹太人凭什么：从 0 到 1 打造商业帝国启示录

作　　者：范　宸
责任编辑：吕　莺　张淑娟
封面设计：信宏博 · 张红运
责任审读：李　征
责任印制：迈致红
出版发行：中华工商联合出版社有限责任公司
印　　刷：三河市宏盛印务有限公司
版　　次：2016 年 8 月第 1 版
印　　次：2016 年 8 月第 1 次印制
开　　本：710mm × 1000mm　1/16
字　　数：200 千字
印　　张：13.5
书　　号：ISBN 978-7-5158-1634-0
定　　价：36.00 元

服务热线：010 - 58301130
销售热线：010 - 58302813
地址邮编：北京市西城区西环广场A座
　　　　　19-20 层，100044
http: // www.chgslcbs.cn
E-mail：cicap1202@sina.com（营销中心）
E-mail：gslzbs@sina.com（总编室）

工商联版图书

版权所有　侵权必究

凡本社图书出现印装质量问
题，请与印务部联系。

联系电话：010 - 58302915

目　录

第一章

凭勤奋努力赚钱

对金钱有正确的认识

"金钱是没有臭味的，它是对人类安逸生活的祝福。"犹太人的经典著作《塔木德》给金钱下了这样的定义。

犹太人对金钱保持着一颗平常心，他们对金钱有自己独到的见解，认为"金钱无姓氏，更无履历表"。在他们看来，金钱就是金钱，是他们同他人交往时唯一没有种族色彩的东西。他们孜孜以求地去赚取金钱，但有了钱后也并不挥霍；同样，他们在失去金钱的时候，也不会痛不欲生。正是这种平常心，使得犹太人能在充满"惊涛骇浪"的商海中驰骋自如，临危不乱，富甲天下。

犹太人能够正确地对待金钱，他们在不断增长的财富面前能够保持冷静，从而真正地拥有财富。让我们看看犹太后裔石油大王洛克菲勒是怎样对待赚取1美元的，之后你就会明白犹太人为什么能获得财富。

一个晴朗的夏日，洛克菲勒在火车站候车室候车，火车进站了，洛克菲勒起身走向检票口。这时，候车室门口出现了一位衣着华丽的太太，她提着一只很大的箱子，显然也是要赶这趟车。可是，箱子实在是太重了，累得她直喘粗气。

这位太太看到了洛克菲勒，冲他大喊："喂，老头儿，快帮我提箱子，我待会儿给你小费！"洛克菲勒帮这位太太拎起了箱子。两人一起上了火车，这位太太递给洛克菲勒1美元小费，庆幸地说："要不是你，我非误车不可。谢谢你！"

洛克菲勒并不推辞，微笑着伸手接过了这1美元小费。

这时，列车长走了过来，对洛克菲勒说："您好，尊敬的洛克菲勒先生。欢迎您乘坐本次列车，如果有需要的地方，我很乐意为您效劳。"

"谢谢，不用了。我只是刚刚结束了一场为期3天的徒步旅行，现在我要回纽约。"洛克菲勒客气地回答。

"什么？洛克菲勒！"那位要求洛克菲勒帮忙提箱子的太太惊叫起来，"上帝，我竟然让石油大王洛克菲勒先生给我提箱子，居然还给了他1美元小费，我这是在干什么啊？"

这位太太忙向洛克菲勒道歉，并诚惶诚恐地请洛克菲勒把那1美元小费退给她。

"太太，你不必道歉，你根本没有做错什么。"洛克菲勒微笑着说道，"这1美元，是我赚的，所以我收下了。"说着，洛克菲勒把那1美元郑重地放进了口袋里。

从这件事中，我们可以看出洛克菲勒谦和、乐于助人的风度，他作为一名亿万富翁，竟然会放下身段，为人提箱子，实在是让人肃然起敬。同时，通过他对 1 美元的态度，我们也可以看出犹太人对于金钱的态度，那就是不管自己是什么身份，不管用什么方式赚取金钱，不管获得的金钱多么微薄，只要是用自己的付出换来的，就没有什么丢人的，根本不用在乎别人怎么想。

《塔木德》中有言："民以食为天，我们能用全部的辛劳换来幸福，这也是上帝的恩赐。"

挪威剧作家易卜生说："金钱能买来食物，却买不来食欲；金钱能买来药品，却买不来健康；金钱能买来熟人，却买不来朋友；金钱能买来奉承，却买不来信赖……"合理、正确地使用金钱，把钱花在该花的地方，那么，我们就是金钱的"主人"；但如果不加规划，不去合理地使用金钱，把钱花在不该花的地方，那么，我们就是金钱的"奴隶"。

拉尔斯是一个小有名气的犹太画家，刚开始的时候，没人买他的画，因此他总是很沮丧，但片刻之后他总能调整好自己的心态。

"玩玩足球彩票吧！"他的朋友们劝他，"只花 2 马克便可赢很多钱！"于是拉尔斯花 2 马克买了一张彩票，没想到真的中了奖！他中了 50 万马克。"你瞧！"他的朋友都对他说，"你太走运了！现在你可以不再画画了。""我现在就只画支票上的数字！"拉尔斯笑道。

拉尔斯买了一幢别墅，并对它进行了一番装饰。拉尔斯很有品位，买了许多好东西：阿富汗地毯、维也纳橱柜、佛罗伦萨小桌，还有古老的威尼斯吊灯。拉尔斯很满足地坐了下来，点燃一支香烟静静地享受这一切。突然他感到很孤单，便想去看看朋友。他把烟往地上一扔——在原来那个石头做的画室里他经常这样做，然后就出去了。燃烧着的香烟掉在地上，火星落在华丽的阿富汗地毯上……一个小时以后别墅变成了一片火的海洋，它被完全烧毁了。

朋友们很快就知道了这个消息，他们都来安慰拉尔斯。"拉尔斯，你真是不幸呀！"他们说。"怎么不幸了？"拉尔斯问。"损失呀！拉尔斯，你现在什么都没有了。"拉尔斯笑着说："什么呀？不过是损失了2马克，看来我还得继续画画。"

最后，拉尔斯靠自己的能力成为一名著名画家。

大部分的犹太人像拉尔斯一样，不把金钱看得过重。如果一个人能够彻底挣脱金钱的"束缚"，努力去争取，得之幸然，失之不恼，抛开患得患失的心理，那他的心态就会变得豁达许多。

这就是犹太人的金钱观：不把金钱看得过重，也绝不忽视金钱。正因为有了正确的金钱观，犹太人才能不断积累财富，而且保持平和的心态，这也正是他们成功的秘诀之一。

精打细算，挣每一分钱

有人说：金钱是一把钥匙，它能打开通往富裕幸福的大门，也能打开通往贿赂犯罪之路的大门。也有人说：金钱是一面魔镜，它能照出人性的贪婪。那么，金钱对人们到底意味着什么呢？

犹太人爱钱，这从他们大多数人对职业的选择上就可以看出来。犹太人大都鼓励自己的下一代从事医生、律师、金融家、商人等职业，因为这些职业的薪水高。同时，在犹太人看来，金钱就是金钱，是没有善恶之分的。所以，他们关心的是金钱，而非金钱的性质。

犹太人善于精打细算是举世闻名的，他们认为，精明就是一种赚钱的谋略，是天经地义的。犹太商人习惯每天算账，他们认为，"精打算盘"是非常重要的一件事，因为这样可以避免"赤字"。

犹太人在赚钱的时候，不会觉得金钱低贱或是高贵，也不会因为自己所从事的职业不太理想而感到自卑。犹太人丝毫不认为打工就低贱，而当老板、做经理就高贵。他们认为只要赚到钱，就是好商人。钱在谁的口袋里都一样是钱，而不会因为到了另一个人的口袋就不是钱了。

金钱是一个人生存和实现人生价值的重要基础。犹太人认为赚钱才是人生和事业的根本。

钻石大王亨利·彼得森是一位精明的犹太商人，但他16岁时还是一家珠宝店的学徒工。他的老板犹太人卡辛，手艺超群，人尽皆知，只是有些目中无人、言语刻薄。彼得森上班5个月后，就因勤快、不怕吃苦赢得了卡辛的赞赏。他的工资从每周3美元增加到7美元，后增至14美元。但最终一个意外的原因使师徒俩绝交，彼得森结束了他的学徒生涯。

当时正值美国经济大萧条时期，彼得森没有自立门户的本钱，又找不到工作，后来他的朋友詹姆设法说服自己的合伙人，让彼得森在他们的小工作室里放上一张工作台，每月向他们交10美元的租金，彼得森自己做珠宝生意。可是彼得森开始时仍无法交足租金。后来他揽到了一笔生意，一个贵妇人有一枚2克拉的钻石戒指出现了松动，需要箍紧。彼得森去取戒指时，贵妇人问他是从谁那儿学的手艺，彼得森回答说"卡辛"。就这样，贵妇人放心地将戒指交给了彼得森。从此，彼得森开始借助卡辛的名字招揽生意，后来生意越来越好。詹姆的合伙人见彼得森的生意很红火，决意赶走彼得森。彼得森只好四处找房子，最后发现一个卖表的人因房租太高寻找合伙人，于是他就租了下来。

1935 年，彼得森成为犹太首饰商梅辛格的特约供货商，为其在纽约的销售网长期提供货品，这主要是因为彼得森曾师从卡辛。他的手艺在当时是第一流的，因而名声大噪，当时他每星期至少可赚 50 美元。

不久，詹姆与合伙人分手了，彼得森便让詹姆与他一起干，他们共同办起了小厂，换了厂房，还雇了两位雕刻工匠。彼得森在对市场进行了一番认真研究后，和詹姆商议决定专门生产订婚和结婚戒指，并成立了"特色戒指公司"。珠宝订制这一行存在很大竞争，彼得森便在戒指的图案表现手法上下功夫，将宝石雕刻成两颗心相拥状，表现一对恋人的相爱情节，象征爱情的纯洁与永恒，然后用白金铸成两朵花将宝石托起，在两个白金花蕊中各有一个小婴儿，如天使般的男婴和女婴，手指上系着一根拴在宝石上的银丝线，这银丝线是由多根银线合扭在一起的，旨在向新郎新娘祝福，表达出恩爱缠绵的情感。他的创意还表现在，顾客可根据他们的生日、订婚日期、婚龄长短、个人隐私等来决定购买有多少根银丝线的戒指。这一创意在设计上可谓别具一格。彼得森的生意从首饰加工转变到首饰销售，他打开了财富之门。

1948 年，彼得森发明了镶戒指的"内锁法"。用这种方法制作首饰，能使宝石的近 90% 露在外面，而当时其他制作法会让成品首饰上的宝石比原来的宝石小 1/3。他的这项技术很快获得了专利，珠宝商争相抢购他的专利技术，这样他又赚了很大一笔钱。

1955 年，彼得森再次发明了"联钻镶嵌法"。采用这种方法加工首饰时，可以将两块宝石合在一起，使得 1 克拉的钻石看似 2 克拉一般大小。慢慢地，彼得森的事业经营规模越来越大，资本越来越雄厚，人员不断增加，他的财富也有了新的突破。

精于经商，是成就事业的起点。犹太商人对于财富的追求是无止境的，他们的商业头脑也是为世人所公认的。

一位犹太商人在导游的陪伴下参观一家日本公司，这家公司专门生产精密收音机。商人到达这家公司后看到一位女工正在紧张地工作，问道："你每小时能挣多少工资？""月薪 25 万日元，先生。"女工回答道，然后马上又工作起来。导游花了 5 分钟才计算出她每小时的工钱，可犹太商人却在女工答完话后已经知道她每小时的薪水是 25 美分。当导游告诉商人答案时，商人已经从生产一台收音机的原材料费用和女工人数计算出每台收音机所能赚取的利润了。

犹太商人十分精于数字和心算，他们能通过对方提供的各种数据推算出成本和利润。这就是那些活跃于金融业的犹太商业巨子能够瞄准时机，敢于冒险，并最终赚取亿万资产的原因所在。

积累智慧可以"拾"到财富

很多人认为犹太人只会赚钱，认为他们把金钱看得比生命还重要。其实，在犹太人眼中，金钱并不是最重要的，任何有价的东西都能得而失去，只有智慧才是人无价的财宝。所以，崇尚智慧的犹太商人，在做生意的过程中，常常以智取胜，因此有"世界的财富在犹太人的口袋里，犹太人的财富在自己的脑袋里"的说法。

《塔木德》中说："仅仅知道不停地干活是不够的。"精明的犹太人发现，在很多时候，尽管你已经拥有了相当的能力，并且也愿意付出最大的努力，却未必能够找到用武之地。因此，许多人有怀才不遇之感。

犹太人在勤奋之外更推崇智慧，他们认为，知识固然重要，但它是用来成就智慧的。智慧是人一生中永远相伴相随的财富，智慧会永远帮助人、庇护人；而知识不同，它可能给人带来好运，给人带来财富，但它不会永远使人受益，因为知识会随着时间的推移而变得陈旧。智慧才是真正的财富，有了智慧就容易赚取金钱。

犹太人相信，成功的企业家不是因为他们比一般人更加勤奋；虽然勤奋也曾经是他们取得成功的一个因素，但不是他们取得成功的根本原因。

一位下属在喝醉后曾经这样自嘲地对他的犹太老板说："讲到勤奋，你不如我；但论成功，我根本不敢和你比！这是为什么呢？"

老板听了，一脸愕然，然后说道："为什么你会以为我应该比你更勤奋呢？为什么我非要比你勤奋才能赚到钱呢？我从来没有想过自己的钱完全是靠勤奋赚来的。尽管我也很勤奋，但勤奋，并不是发财的决定性条件，发财更要靠智慧！"

下属诧异地问道："发财靠智慧？"

犹太老板说："是的，因为大家都很勤奋，所以更要比智慧。我的长处是让别人有机会勤奋地工作，而不是我要比他们更勤奋！我的努力方向是更有智慧，而不是更加勤奋。"

人类智慧的进步，让我们在既能过得舒适，又能享受富足的同时，不再依靠繁重的劳动，这要归功于建立在智慧基础上的技术和效率，得以让我们付出越来越少的劳动，却能够获得越来越多的财富。我们并不比自己的祖先勤劳多少，但我们现在的生活水平却是他们远远不能比的。所以说，勤劳并不是促进人类社会发展的主要原因。

犹太人认为，与其默默无闻地埋头苦干，不如多动些脑子！只有付诸实践并产生了效益的智慧才是真正的智慧，这样的智慧才是最重要的。

思维灵活赚大钱

有这样一个犹太人租房子的故事：

有一个犹太家庭决定从乡下搬进城里去住，于是开始四处找房子。全家 3 口人，夫妻两个和一个孩子。他们跑了一天，直到傍晚，才找到一间公寓。他们发现房子出乎意料地好。于是，他们前去敲门询问。房东出来后，对这 3 位客人从头到脚地打量了一番。

丈夫鼓起勇气问道："这房子出租吗？"

房东遗憾地说："啊，实在对不起，我们公寓不租给有孩子的住户。"

丈夫和妻子听了，一时不知如何是好，于是，他们默默地走开了。

孩子把事情的经过从头至尾都看在眼里。他想：难道真的就没办法了吗？他走过去敲了敲房东的大门。

这时，丈夫和妻子已走出 5 米远，回头看见房门再次开了。

房东走出来后，这孩子精神抖擞地说："老爷爷，这个房子我租了。我没有孩子，我只带来两个大人。"

房东听了之后，大笑起来，最终决定把房子租给他们住。

很多时候，人们习惯于依照以往的生活经验来考虑问题，并形成了一种固定的思维模式，认为有些事情是不可改变的。但在犹太人看来，一切都可以改变，只要有1%的希望，就要用100%的努力去争取。

20世纪20年代，美国糖果商罗宾拥有一家小糖果厂和几家小店，刚开始时糖果的销售状况不太理想。在众多大厂的挤压下，罗宾虽然使出浑身解数，但都收效甚微。眼看销量越来越少，罗宾整天都在想：怎样让小孩子都来买他的"香甜牌"糖果呢？一天，他看到一群孩子在玩游戏，那是个关于"幸运糖"的游戏，突然一个灵感闪现在他的脑海里，他欣喜若狂。他思考了许久，制订了一套详细计划。当时，美国的许多糖果是以1分钱卖给小孩子的。罗宾就在许多糖果里包上1分钱的钱币作为"幸运品"，并在报纸、电台打出口号："打开，它就是你的！"这一招很有效，孩子们都争着来买。罗宾也把"香甜"这个牌子改成了"幸运"。销售量上去后，罗宾除了大量投入生产外，还不惜血本招来许多经销商，另外再大做广告，将"幸运糖"描绘成一种可以获得幸运机会的新鲜事物，并以一个可爱的小动物形象为标志，加深人们对这个糖果品牌的印象。罗宾的糖果畅销全国，销量像长了翅膀一样，迅速上升。其他糖果商在此启发下，也纷纷效仿。此后，罗宾又想到了新点子，买到"幸运糖"的人不仅可免费拿到糖果，还会被多奖励几颗糖。后来罗宾在糖果中还放上其他物品，如玩具、连环画、手枪玩具等。如此，罗宾的糖果销量始终处于同行前列，很快他就拥有了 800 多万美元的资产。

罗宾独辟蹊径，明确了自己的经营方向——让小孩子都来买自己的糖果，最终打开了销路。为了实现这个目标，罗宾不断调整自己的宣传思路，最终他的糖果闻名全国。

一位法国留学生，由于父亲失业，家里已经拿不出钱来供他完成剩下的一年半的学业。这位留学生失去了经济支持，只好从独居公寓搬到七八个人合租的宿舍，并决定像他的室友一样，打工挣钱完成学业。他四处翻阅报纸，希望能从上面看到招聘信息。有一天，一则登在不起眼的角落里的广告吸引了他："豪华别墅，只售 1 法郎。"

室友们听他念出这则广告后，都嗤之以鼻，甚至觉得有些可笑。有的说："今天不是愚人节吧！"有的说："哪有天上掉馅饼的好事。"还有人半带嘲弄地问他："你该不是想去试一试吧？"还有人提醒他道："千万别上当，这是个陷阱，我看，骗子总有不可告人的图谋！"

这名留学生虽然也是半信半疑，但他还是按照报纸上提供的联系方式，找到了那个登广告的人。

登广告的是一名衣着华贵的犹太妇女。问清楚留学生的来意后，她指着房子说："喏，就是这里。"

留学生不禁大吃一惊：这里是巴黎近郊最著名的别墅区，富人云集，可谓寸土寸金；再看自己身处的这幢房子，设计精妙，装潢富丽堂皇，如果按市价计算，价格应该是天文数字，他可能一辈子都买不起。

"太太，我能看看房子的有关手续吗？您知道……"

留学生不知道说什么好，他搜肠刮肚想为自己找个理由去相信，但还是不由自主地问了一句。

犹太贵妇微微一怔，拨了一个电话，仿佛是叫什么人来，然后自己转身上楼，一会儿下来交给了留学生一个文件袋。

留学生瞪大了眼睛，辨别着房契的真伪，研读着文书中那些拗口的条文句子。正在这时，一位戴着眼镜、夹着公文包的男士走了进来，他跟妇人嘟囔了两句后，走到留学生面前说："先生，您好。我是律师，如果您没有什么异议，我可以为您办理买卖房屋的手续了吗？"

"你是说1法郎……这幢房子……"留学生不敢相信这一切是真的，甚至有些语无伦次了。

"是的，先生，如果可能的话，请您交现款。"律师一本正经地回答。

3天之后，留学生带着他向法院求证后确认无疑的文件，到豪华别墅去办理移交手续。当他接过别墅钥匙的时候，仍难以相信他已是这所房子的主人。他鼓起勇气问道："太太，您能告诉我这是为什么吗？"

犹太贵妇叹了一口气说："唉，实话跟你说吧，这是我丈夫的遗产。他把所有的遗产都留给了我，但只有这幢别墅，他在遗嘱里说卖了以后把所有的钱交给一个我从来没有听说过的女人。前两天见到那个女人后我才知道，我丈夫瞒着我和她偷偷幽会了 12 年……所以我才做出这个决定——我遵守我丈夫的遗嘱，但我也不能让她轻易拿到钱。"

犹太贵妇按照遗嘱履行了义务，但却没有让丈夫的情人得到任何好处。她将别墅贱卖，只给丈夫的情人留下了 1 法郎。

大多数犹太人不会"死钻牛角尖"，他们灵活的思维为他们赚取了不小的财富。独特的思维方式成就了很多犹太人的财富传奇，所以，当一个问题从正面难以解决时，不妨换个角度重新考虑。

勤俭是美德

《塔木德》告诫犹太人："人要俭约有道，绝对不做无用的支出。"在犹太人的眼里，节俭是上帝赋予他们的美德。看护好每一分钱，把每一分钱都"用在刀刃上"，这是犹太商人对自己的基本要求。

《塔木德》中说："当用则用,当省则省。""花1块钱,就要发挥1块钱百分之百的功效。"

有一个犹太人，在日本的赤坂做钻石生意。他节省是出了名的。

这个犹太人在接待客人的时候，会把饭费控制在公司（说是公司，其实是他和朋友两人开的小店）经费允许的范围内，顶多是去日本料理店就餐。他自己也会去赤坂的夜总会，但从不待在消费昂贵的区域。他一般是在二楼前台旁的椅子上坐着，安静地观看楼下的节目。他从不把自己的生活费和公司的经费混在一起，他的生活费也从不用公司的经费结算。当然，他也从不拖欠为他工作的日本员工的薪水。他绝不"染指"超出自己能力控制范围的博彩和投机活动，他只会在自己的能力范围之内，不断地扩大自己的生意规模。这就是他的行为方式。

《塔木德》中说："吝啬有时和节俭一样，是一种优秀的品德。"犹太人认为，在经营中，节约与利润是成正比的。生意人该大方的时候要大方，该节省的时候要节省。

《塔木德》中说："对于商人而言，更要讲究节省开支，从而降低成本，增加利润，把生意做大做强。"

著名的犹太船商，银行家出身的斯图亚特曾经有一句名言，"在经营中，每节约一分钱，就会使利润增加一分，节约与利润是成正比的。"

斯图亚特努力提高旧船的操作等级以取得更高的租金，并尽量降低燃油和人员开支的费用。他对于控制成本和费用开支特别重视。他一直坚持不让他的船长浪费公司的一分钱，他也不允许管理技术方面的负责人直接向船坞支付修理费用，原因是"他们没有钱财意识"。因此，水手们称他是一个"十分讨厌且吝啬的人"。

直到斯图亚特建立了庞大的商业王国，他的这种节约的习惯仍然保留着。一位在他身边工作多年的高级职员曾说："在我为他服务的日子里，他给我的办事指示都用手写的条子传达。他用来写这些条子的白纸，都是纸质粗劣的信纸，一张信纸大小的白纸也可以写三四条'最高指示'。"

一张只用了 1/5 的白纸，不应把其余部分浪费掉，这就是斯图亚特"能省则省"的原则。

可见，无论生意做多大，要想得到更多的利润，节约每一分钱、降到最低成本是非常有必要的。

很多犹太商人是精打细算的人，他们节俭的目的就是要节省开支，降低成本，以获得更高的利润。他们的经商哲学是"要把一块钱当成两块钱来用，如果在一个地方错用了一块钱，并不只是损失了一块钱，而是相当于花了两块钱"。

犹太人亚凯德问一位卖蛋人："假使你每天早上收进 10 个蛋放到蛋篮里，每天晚上你从蛋篮中取出 9 个蛋，其结果如何呢？"

"时间久了，蛋篮就满了！"

"这是什么道理？"

"因为我每天放进的蛋数比取出的蛋数多一个啊！"

这位卖蛋人说的是当我们把 10 块钱收进钱袋里，但只花费 9 块钱，这表示我们的钱包已经开始鼓起来，当感觉到钱包的重量增加时，我们就是挣钱了。

犹太人认为，节俭是一种人生态度，是一种生活理念，更是生意场上要奉行的一个原则。

2004 年 2 月，美国《福布斯》杂志公布：比尔·盖茨以其名下 466 亿美元的净资产，排名世界富翁的首位。然而让人意想不到的是，盖茨生活中没有自己的私人司机，公务旅行不坐飞机头等舱只坐经济舱，衣着也不讲究名牌，他还对打折商品感兴趣，不愿为泊车多花几美元……

看来，比尔·盖茨跟那种"一掷万金、摆谱显阔"的富翁迥然不同。那么，在生活中，他是怎样对待金钱的呢？

看完下面的故事，你就会对盖茨有所了解。

在美琳达刚踏入微软的时候，她就被告知，比尔·盖茨是个非常特别的人。确实，比尔·盖茨是一个与众不同的人。对他而言，创业是他人生的旅途，财富是他价值量化的标尺。他曾经说过："我不是在为钱而工作，钱让我感到很累。我只是这笔财富的看管人，我需要找到最合适的方式来使用它。"这就是比尔·盖茨对金钱最真实的看法。他经常告诉那些向他求教的朋友："当你有了1亿美元的时候，你就会明白金钱只不过是一种符号而已。"

比尔·盖茨非常讨厌那些喜欢用钱摆阔的人。他在杂志上发表了自己的见解："如果你已经习惯了过分享受，你将不能再像普通人那样生活，而我希望过普通人的生活。"

在生活中，比尔·盖茨从不用钱来摆阔。一次，他与一位朋友开车前往希尔顿饭店开会，他们迟到了几分钟，所以没有停车位了。他的朋友建议将车停放在饭店的贵客车位。比尔·盖茨不同意，他的朋友说："钱可以由我来付。"

比尔·盖茨还是不同意，原因非常简单，贵客车位需要多付12美元，他认为那是超值收费。他们最终将车停在了很远的地方。比尔·盖茨在生活中一直遵循他的那句话："花钱如炒菜一样，要恰到好处。盐少了，菜就会淡而无味；盐多了，则会苦咸难咽。"

后来，比尔·盖茨与美琳达结了婚。婚后，比尔·盖茨与美琳达很少去豪华的餐馆就餐。一般情况下，他们会选择肯德基，或是咖啡馆。

有一次，比尔·盖茨与美琳达来到一家墨西哥人开的食品店，刚进店门，比尔·盖茨就被"50%优惠"的广告词吸引，在不远处的葡萄干麦片的大盒包装上的确写着这样几个字。比尔·盖茨似乎不敢相信这个标价，因为同样的商品在本地的一些商店要比这里的价格高出一倍。比尔·盖茨上前仔细端详。当他确认货真价实时，才付钱买了下来，并告诉美琳达："看来这里的确如同人们说的那样，我今天很高兴自己没有多掏腰包。"

对于自己的衣着，比尔·盖茨从不看重它们的牌子或是价钱，只要穿起来感觉舒服，他就会很喜欢。平日里，如果没有什么特别重要的会议，比尔·盖茨会选择休闲裤、开领衫，以及他喜欢的运动鞋，但是这当中没有一件是名牌。比尔·盖茨生活的信条就是："一个人只有用好了他的每一分钱，他才能做到事业有成、生活幸福。"

比尔·盖茨虽然很富有，但是他不会为了面子而摆阔，他能够合理使用金钱，做到当用则用，当省则省。

犹太人也正是因为拥有了节俭这一美好的品德，才能够在商场上主动节约每一分钱，让利润最大化，从而把生意做大做强。

提倡冒险，不提倡靠运气

犹太民族是一个人口不多、历经坎坷的民族，目前全世界约有 1500 万犹太人。但就是这样一个民族，却在世界上拥有举足轻重的地位。是财富让犹太民族得以生存繁衍；是财富带来了犹太民族的勃勃生机；同样还是财富，在贫瘠的沙漠中成就了以色列的建国立业……在犹太人的理念中，聚敛财富是必须的，但财富的来源也是值得重视的。《塔木德》中说："本金有安全保障的投资原则才是第一流的投资原则，为求高利润而丧失本金的投资是愚蠢的冒险。"

犹太人富有冒险精神。很多人认为犹太人的冒险精神无非就是一种合法化的商业赌博，只不过是犹太人的运气好，在大多数情况下赌赢了而已。这种看法有些片面，因为犹太人的冒险绝对不像赌博那般肤浅那般简单。

冒险，从经济学角度讲，就是常说的"风险管理"，是指如何在一个肯定有风险的环境中把风险减至最低的管理过程。它并不像赌博那样，只要把钱押在某一件事情上就好了。它需要做很多的准备工作，包括对风险的量度、评估和对应变策略的思考。

所以说，犹太人的冒险是一个主动的、积极的过程，不能狭隘地理解为赌博。

要想赚钱，必须承担一定的风险。但即使是很小的风险，也需要对风险做一个事前的评估，否则风险投资就真的变成了赌博。

犹太人认为，风险管理虽然不是赌博，但是也具有赌博的不定性。这个不定性，是指人做再多的准备，有时也无法预料后果。所以，人要做好心理准备，迎接最坏的情况发生。

胆小的投资者是不可能成为巨富的。作为具有冒险精神的商人，一定要有无畏的精神，敢于迈出第一步，这样才有可能迎来新的天地。

有人专门问过1000位高收入者一个简单的问题："合理的经济风险对于你们在经济上取得成功的重要性有多大呢？"

净资产在1000万美元以上的人中有41%回答："非常重要。"而净资产在100万～200万美元的人给出同样回答的，仅有21%。

可见，愿意承担一定风险、获得合理回报的人才是真正明智的投资者。那些把自己事业上的成功归功于敢冒经济风险的人，在投资方面并不是瞎闯乱撞，而是有根据地投入。

真正的投资者认为，投机是放纵自己又浪费资源的愚蠢行为，比如玩彩票，能否中奖全靠运气。大多数富翁是没有时间去玩彩票的，他们把时间放在了分析市场行情、争取找出新的投资点上。所以说，冒险和投机不是相同性质的行为。

因此，人既要敢于冒险，也要远离投机，这样才能真正走上致富之路。

冒险需要的不仅是满腔的热情，更需要具备良好的心理素质，这是成功的前提。

那么，一个敢于冒险、远离投机的成功者应具备哪些条件呢？犹太商人认为，起码应具备以下几个方面的条件。

1. 有很强的适应能力。

适应能力关系到一个人处理压力的能力，因为人的压力主要出现在发生出乎意料的事情的时候。成功的冒险者需要有能力去随机应变。

2. 能够专心致志。

一个人专心致志地做事很重要，把注意力集中在目前正在做的事情上，不去想过去的失败或成功，也不去想将来的烦恼或可能。昨天已经过去，不可挽回，明天尚属未知，不可控制，你唯一能把握的只有今天。

把注意力集中于现在所从事的工作上，将会大大提高你的工作效率。

3. 能广集资源。

广集资源是一种能力，一种为了达到目标、解决问题而去收集有用资源的能力。资源有很多种，包括人才、信息、精神和物质等。成功的冒险者懂得如何去得到更多的有用信息，并善于运用一般人容易忽视的东西，从而依靠这些资源使自己走向成功。

成功的冒险者什么时候都不会空手而归，他们能够在任何场合创造机会，以获得他们所需要的资源和信息。

4.能够树立个人权威。

人格、能力、经验等都是构成个人权威必不可少的因素。

成功的冒险者总是能够利用任何机会和场合来树立并增强自己的个人权威。他们知道，不能影响别人的人是永远不会赢得别人的信赖的，而得不到别人信赖的人绝对不会成功。

5. 做事果断。

做事举棋不定、犹豫不决、不知所措的人，自己没有主见、不懂抉择的人，难以得到别人的信任，也无法使自己的事业获得成功。

优柔寡断的人无法在第一时间做出决断，因为他们拿不准自己的决策是好还是坏。有些人能力不差，但就是因为优柔寡断而错过了许多机会，从而一生也未能成功。

而办事果断的人，即使会犯些小错误，但不会给自己的事业带来致命的打击，因为他们的果断有助于他们把握住商机，从而推动事业的发展。

在做重大决定时摇摆不定、不知所措，是一个人的致命缺点。这种缺点，会破坏一个人的自信心，会影响他的判断力，更会对他的事业有害。

如果你想做一名成功的商人，成就一番事业，就一定要培养自己的决断力及毅力，否则你将难有所成。

该赚钱时赚钱，该花钱时花钱

现实生活中，我们吃的食物、穿的衣服、住的房子、看的书籍、影视作品等，都是用金钱买来的。

虽然金钱能够让我们获得很多我们想要的东西，但金钱并不是万能的。《塔木德》中说："一个工人，不管他是否有足够的食物，他的睡眠总是安稳的；一个富人，尽管他物质财富充足，但他却无法安稳地入睡。"可见幸福不是由财富决定，而是由人的心态决定的。

有个富翁家财万贯，住的是独栋别墅，装配有最现代、最时髦的设备，生活极为富裕。而在距离富翁家不远处，有一间相当破旧的铁皮屋，里面住着一对老夫妇，屋内经常传出爽朗的笑声。

一日，富翁再度因虚伪的交际应酬愤怒地拂袖而去。回家途中，富翁在铁皮屋外听见屋内的欢声笑语，禁不住停下脚步，敲响了屋门。

"你们家这么穷，为什么总是这么快乐？我很有钱，大家巴不得要跟我一样，但我却不快乐，为什么？"富翁走进铁皮屋后，疑惑地问道。

屋子的主人说："我们知足常乐，心中富足，我们的物质生活虽比不上别人，但精神生活是很充实的，所以我们很快乐。"

富翁闻言，觉得很有道理，便欢喜地送给这对老夫妇一笔丰厚的钱。晚上，老夫妇因为担心钱会被偷，辗转难眠，而且为了藏钱的地方而争执不休，折腾了一整夜后，两人决定把钱还给富翁。

许多犹太人世代经商，因为他们知道只有经商才能赚取很多的金钱，才能彻底改变自己贫穷的命运。犹太人靠经商赚取了让世人瞠目的财富。但钱虽诱人，却也是产生烦恼的源头，因为钱多了，欲望也会跟着膨胀，而人在欲望的驱使下，容易渐渐失去原本清净无争的心。生活中离不开金钱，但金钱并不能解决一切问题。所以，我们不能做金钱的"奴隶"，要做金钱的"主人"。

众所周知，世界上最会赚钱的商人是犹太人，很多人将巴菲特、洛克菲勒和索罗斯等犹太富翁作为自己的偶像。然而，人们也许不知道，犹太人并不是只知道赚钱的工作狂和守财奴。恰恰相反，犹太人平时很注重饮食，也懂得休息和享受生活。

犹太人喜欢美食，如果你问犹太人，赚钱是不是他们的人生目的，想必他们中有很多人会坚决地否认："我的人生目的在于热情地享受生活，在于随心所欲地吃到美味可口的食物。"

《塔木德》中说："你每一天的生活，都在潜移默化地影响和改变着你的生命尺度。对于胸怀大志的人来说，没有什么比拥有一个好身体更幸运的了。如果你不能在每一天中都重视自己的身体健康，那么再好的身体也会慢慢变坏。反之，如果你每一天都能遵照下面的这些原则去做，那么即使虚弱的身体也会慢慢变得强壮……"

犹太人认为，懂得花钱的人，才会懂得赚钱。

一个商人，赚钱的时候，要有运筹帷幄的能力；花钱的时候，要知道自己该如何花，这样，才能充分享受金钱带来的乐趣。

犹太人常说："生活要过得幸福、开心，日子一定要有滋润的感觉，不要怕花钱。"所有的犹太商人都有这样的习惯：不管工作多忙，他们都会开心地享用自己的一日三餐。

犹太人认为，人生的乐趣在于享受工作以及工作带来的成果。所以一个真正的富人，不光会赚钱，更会花钱。

犹太人认为工作不是生活的全部，拼命赚钱的同时更要懂得金钱带来的快乐。他们花钱有自己的原则，该花的钱一定要花。犹太人的金钱观念就是："只有舍得花钱才能挣到大钱，对该花的钱，绝对不要计较多少。"犹太人深谙此理，所以他们从中享受快乐。

第二章
凭合法手段挣钱

经商合法赚"干净钱"

《塔木德》中这样告诫犹太人："你们不可偷盗；不可欺骗；不可抢夺他人财物；不可向着我起假誓，亵渎我的名声。"

犹太人认为经商就是为他人提供服务，只有诚实对待，取得别人的信任，自己才可以获得利润。诚信是犹太人身上最宝贵的品质，无论是经商还是平时与人相处，他们都坚守诚实守信的品行。正是因为如此，犹太人得到了全世界人们的尊重。

犹太人认为人人都要遵守规矩，赚钱不能威胁到他人的人身安全，不能损害他人的利益，法律才是"准绳"，经商赚钱一定要在这个警戒线之内。

伯纳德·埃博斯是世界通信帝国的缔造者，他出生于加拿大埃德蒙顿一个普通的工人家庭。他自幼家境贫困，不得不在同龄人还在玩乐的时候就出来找工作，挣钱攒学费。他永远忘不掉在 -30℃的天气里送牛奶时的那种绝望心情。也许正是那段经历，让他增强了对财富的追逐欲望。

1974 年，随家人移居到美国的埃博斯借钱买下了一间汽车旅馆，从此踏入商界。一个偶然的机会，小镇克林顿的一个小电话公司引起了埃博斯的注意。这个公司就像一个二级批发商，只不过它经营的商品比较特殊，是长途电话服务。它从美国当时的电信垄断者——美国电报电话公司——那里以低价购进长途电话服务，然后再以稍高、但又低于市场价的价格卖给消费者。

直觉告诉埃博斯，这个买卖有"钱途"。于是他将 3 个好友约到了当地一家名为"白日旅馆"的咖啡屋，将自己的计划和盘托出。朋友们对他的计划很感兴趣。在一番兴致高昂的讨论后，4 个人在一张餐巾纸的背面写下了企划书。

1992 年，萨利文所在的先进通信公司被埃博斯的世通公司吞并。1994 年，32 岁的萨利文被擢升为首席财务官。萨利文的加入使埃博斯如虎添翼，两人组成"黄金搭档"，不断吞并别的公司，在 4 年的时间内，竟然"吞下"了 70 多家公司。一手打造这个电信神话的埃博斯也因此被人称为"电信牛仔"。

然而好景不长，自 2000 年开始，美国高科技股出现狂跌。到 2001 年，埃博斯经营的世通公司市值缩水至 250 亿美元。更为糟糕的是，公司负债 300 亿美元，埃博斯濒临破产。为隐瞒真相，世通公司不惜伪造账目，伪造金额高达 110 亿美元。

2002 年夏天，世通公司的丑闻曝光，成为美国历史上最大的一起金融丑闻。这起丑闻震撼了全球金融界，并一度影响了人们对美国公司，乃至美国经济的信心。而由一张写在餐巾纸背面的企划书发展起来的、市值 1800 亿美元的电信帝国，其股价也就仅值餐巾纸的价钱了。

最终，伯纳德·埃博斯被控 9 项罪名，这 9 项罪名包括证券欺诈、共谋误导投资者和财务报告作假等。

其实，埃博斯已经有了足够的基础和资本，即使不采用欺诈等违法手段，一样可以将企业经营得很好。然而，他选择了用非法的手段赚钱，虽然暂时获得了暴利，但是终究逃不过法律的制裁。

有一位长期外逃的罪犯落网后接受审讯时说："尽管我逍遥法外多年，但那不是人过的日子，整天东躲西藏，精神紧张。虽然我的钱很多，但不敢去买我所需要的东西，要这么多钱又有什么用呢，还是被抓住了好，现在总算心里踏实了，可以睡个好觉了。"有些人就是这样，没有钱的时候，不择手段去赚钱，有了很多钱却失去了自由后，才觉得自由是最珍贵的，是再多的钱也买不来的。

很多人想知道经商赚钱的窍门，很多认为：要看好市场、要抓住机遇、要留住人才、要不断开发好产品、要看利润率……却很少有人会想到遵纪守法是经商成功的窍门。其实在现代社会，特别是市场经济背景下，经商更要具有法律意识，否则一个蒸蒸日上的企业，总有一天会毁于一旦。因为法律对任何人、任何企业都是铁面无情的，产品再好、市场再好、机遇再好，在法律面前都是毫无意义的，触犯法律终归要遭受惩罚。

犹太人认为经商不可贪图小便宜，不可偷税漏税，要诚实守信。

犹太人在经商中最注重契约，犹太商人的重信守约在商界是有口皆碑的。他们一旦与人签订契约，不论发生什么问题，绝不会毁约。犹太人信奉上帝，把自己称为"上帝的选民"。他们认为，人之所以存在，是因为与上帝签订了契约，是和上帝的约定。有些犹太人相互之间做生意时经常连合同也不需要，口头的允诺已有足够的约束力，因为"神听得见"。犹太人信守契约几乎达到了令人吃惊的地步，所以犹太人又被称为"契约之民"。

做生意时，犹太人从来都是丝毫不让、分厘必赚，但若是在契约面前，即使会吃大亏，他们也会遵守契约，绝不毁约。商战中，犹太人看问题的关键不在于道德不道德，而在于合法不合法。他们遵守游戏规则，与利益相关者建立互信的合作伙伴关系，用真诚去打动顾客，以诚信为根本。

犹太人认为失信于市场就等于商人自杀，经商最重要的是取信于人，这是交易顺利完成和再次合作的基础。

在现代社会，我们应该推崇这样一个理念：努力赚钱、轻松消费、崇尚理财。但是，要实现轻松消费与崇尚理财的目标，需要有基础、有条件、有前提。这个基础、条件和前提就是努力地、合法地挣钱。

　　《塔木德》中说：“《圣经》放射光芒，金钱散发温暖。”犹太人经常把“钞票不问出处”这句话挂在嘴边，在生意场上，哪怕是很小的生意他们也不会放弃。他们努力创造和积累财富，巧捕商机，妙用“手段”。

　　犹太人认为挣钱天经地义，能挣钱的人才是成功的人。他们认为只有在任何时候都不好高骛远的人，才能脚踏实地地为挣钱打下坚实的基础。反之，不但不能得到“大财富”，“小财富”也会与之擦肩而过。

　　移居法国的犹太商人彼得，用自己的一点积蓄做了一些小生意。由于生意规模不断扩大，需要资金周转，他不得不向银行借钱。他发现，向银行借钱的代价实在太高，货款利息往往与商业经营获得的利润相差无几。他想，自己辛辛苦苦创业几乎全是为银行打工，而且自己经商的风险比银行大得多，倒不如自己从事放债业务。几年后，他开始了放债业务，他一边维持小生意的经营，一边抽出部分资金贷给急需用钱的人。另外，他又从银行以较低利率贷款，以较高的利率转贷给别人，从中赚取差额利润。彼得就是盯着这个赚钱的路子，迅速走上发迹之路的。到彼得逝世时，他给子孙留下了一笔巨额财产。

　　在犹太人的眼里，只要挣钱的手段是合法的，什么生意都可以做，什么钱都可以赚。

　　要想赚钱，就需打破原有的成见，这是犹太商人得出的结论。现实中，他们也是这样做的。在进行贸易往来时，无论你是什么人，只要这笔交易能带来利润，他们就会和你交易。

对于犹太人而言，钱是为了应付潜在危机而准备的，钱的存在意味着可以避免灾难，钱越多，生存就越有保障，因而赚钱不仅仅是为了满足生活的直接需要，更是为了安全的需要，为了应付突发事件的需要。

生意就是生意，按照规矩办事

还记得小时候玩过的那些游戏吗？不管什么样的游戏，一定少不了规则。游戏没有规则，就很难继续下去。

在生意场上有太多我们看到和看不到的规则，正是这些规则使得商业活动平稳、有序地进行。如果没有规则的约束，那么生意场将会是一片混乱。所以，生意场上的那些规则指引、约束着每一个在生意场上打拼的人，是规则为生意人创造了一个良好有序的竞争环境。

犹太人在经商过程中非常重视两点：第一，生意就是生意；第二，按照规矩办事，不可轻易信任任何人。犹太人只谈生意，其他任何一切都不能干扰到做生意。犹太人从小就受到这样的教育：一个站在壁橱上的孩子，兴奋地投向父亲的怀抱，结果扑空倒地。数次以后，孩子对谁都不再轻信了。这就是犹太人独特的家庭教育。先不考虑教育方式正确与否，至少它是犹太人的先辈多年总结出来的经验，以防他们的后人在今后的商战中吃亏。不轻信他人，这是犹太人经商成功的经验之一，也是他们防范经商风险的智慧之举。

犹太人认为，生意就是生意。这是犹太人的精明之处，他们知道什么时候该讲人情，什么时候该讲规矩。与人交往时，他们友善热情，但是一到生意场上，他们却丝毫不讲情面，按照规矩办事，绝不会因为人情而置规矩于不顾。

俗话说：无规矩不成方圆。不论做什么事都要遵循一定的规则，游戏如此，人生如此，生活如此，经商更是如此。

在苏联政府刚刚成立的时候，许多商人把苏联看作洪水猛兽，只有犹太人哈默没有，哈默还与苏联人做生意，结果发了大财。这使哈默信心倍增，他想，自己为什么不回国一趟，联合其他企业，与苏联进行更多的贸易呢？

哈默率先说服的人就是亨利·福特。福特汽车早已闻名遐迩，其创始人亨利·福特是个有名的反苏派。哈默找到福特说明来意，但这位汽车巨擘直截了当地拒绝了哈默，福特说："我不会运一颗螺丝钉给敌人，除非他们换了政府。"

福特的态度非常坚决，但是哈默并没有气馁，他决意说服福特与苏联做买卖，并从中获利。哈默说："您要是等换了政府才去那里做生意，岂不是要在很长一段时间里丢掉一个大市场吗？"哈默把自己在苏联的见闻、经商的经历以及列宁如何给自己开"绿灯"的事，一五一十地讲给福特听，哈默说："我们是商人，只管做我们的生意，而生意就是生意。"

生意就是生意，这句话让福特沉思了许久。福特也对哈默的话渐渐产生了兴趣，还和哈默共进了午餐。餐后，福特又陪哈默去参观了自己的机械化农场，两人谈得非常投机，最后，福特终于同意哈默成为福特公司产品在苏联的独家代理人。哈默从福特这里首先打开了突破口，很快又成为橡胶公司、机床公司、机械公司等许多企业在苏联的独家代理商。

后来，在哈默的斡旋下，福特公司和苏联政府又达成了联合兴办汽车、拖拉机生产工厂的合作协议，福特因此获得了巨大的利润，哈默自然也受益匪浅。

从上面的故事中可以看出，犹太人只谈生意，其他的一切因素都要为做生意"让路"。正是因为这种精神，他们才能想出各种办法来赚取更多的钱。"生意就是生意"，将其和其他的事情混为一谈，这样，才能够在生意场获得足够的主动权，才能实现赚钱的目的。

这种"生意就是生意"的经商理念，让犹太人在经商中放下了许多"包袱"，这样他们就能够轻装上阵，专注于做生意，从而在生意场上大展手脚。

此外，犹太人在经商过程中还特别在乎一点，那就是绝不轻信别人。犹太商人在做生意时只相信自己根据客观事实做出的判断，不轻信别人。他们知道，商场如战场，只有不被事物的表象迷惑，才能在商场中纵横捭阖。

【犹太人凭什么——从0到1打造商业帝国启示录】

1961 年，日本商人藤田和纽约的东京之最公司做了一笔生意。东京之最公司订购了电晶体收音机 3000 台，电晶体唱机 500 台。条件是收音机上注明"NOAM 牌"，装船日期是 1962 年 2 月 5 日，给藤田的佣金为 3%。藤田有些犹豫，一是因为佣金太少，平常是 5%，而这次东京之最公司只给 3%；二是时间太紧。但考虑到东京之最是一家大公司，日后可能有大买卖可做，藤田就答应了，随即向山田电气公司订了货。12 月 30 日，东京之最公司开来了信用证，上面写的品牌竟然是"YAECON 牌"。这个品牌正是山田电气公司的产品，但山田电气公司此时生产的却是东京之最公司当初要求的"NOAM 牌"。信用证和产品名称不符，到时候肯定无法装货上船。藤田三番五次打电话到东京之最公司要求修改信用证，东京之最公司却始终没有答复。山田电气公司加班加点按期交货。1 月 29 日，东京之最公司发来一封电报，要求退货。藤田一面交涉，要对方承接产品，一面寻找别的出路。然而东京之最公司就是置之不理。藤田实在咽不下这口气，决定大闹总统府。藤田知道总统有 6 位秘书，一般信件很难呈到总统本人面前。要让总统亲眼看到信件，信就要写得十分有水平。藤田花了三天时间写好一封信，他把信打印了两份，一份寄给肯尼迪总统，一份作为副本交给美国驻日大使馆，藤田深信总统能看到这封信。一个月后，肯尼迪总统责成商务部长奉劝东京之最公司亲自解决问题，否则取消其出国旅行资格。对贸易商而言，这等于是判死刑。事情终于以藤田胜利告终。

东京之最公司在经营过程中不讲究诚信，在谈判中出尔反尔，可想而知东京之最公司最后的结局是什么。一个企业一旦失去了信用，那么它离失败也就不远了。

在犹太人的心中，没有永恒的关系，只有永恒的契约。生意场上没有朋友，在商战中，按照规矩办事才是明智的。所以，商人只有以理性的头脑分析问题，不轻信任何人，才会立于不败之地。

谈判时要知己知彼

拥有"世界商人"美誉的犹太人深知谈判对于经商的重要性，因此他们极其重视谈判技巧。通过多年的积累与实践，犹太人的谈判技巧十分高明，所以在商战中屡屡占得先机。

对于犹太人来说，人生就是一张谈判桌，他们无时无刻不在与对手进行谈判，他们在谈判前会精心谋划，因此，在谈判桌上他们能随机应变。犹太人认为谈判绝不仅仅是双方坐在谈判桌前对答如流，而是一种智慧与勇气的较量。《塔木德》中说："在谈判中讲究谈判策略，这样会使自己在谈判中立于不败之地。"

基辛格是犹太人的杰出代表，被称为 20 世纪最伟大的谈判专家。在谈判前，基辛格非常注重做好周密的准备，详尽掌握对方的背景资料。为了实现中美关系正常化，基辛格曾赴中国访问。临行前，他照例要求有关人员进行彻底调查。他的下属根据多方面提供的资料经过反复审核修正后向基辛格提交了一份报告。这份报告除了中美核心问题外，还包括关于美苏、中苏、中印、中巴关系的翔实材料，基辛格在赴北京的前一周将这份报告呈给尼克松总统审阅，并另外附上他自己所做的详细分析和综合评述。事实上，即使是对中美关系不甚了解的政治家，只要读了这份报告，也会一目了然。基辛格认为：谈判的秘密在于知道一切，回答一切。在他看来，事先调查谈判对手的心理状态和预期目标，正确判断双方对立中的共同点，才能胸有成竹，才不会让对方有机可乘；相反，不知根底，在谈判时优柔寡断，不能立即回答对方的问题，则会给别人留下权限不够或情况不熟的印象。

"不打无准备之仗"是犹太人谈判的第一原则，他们重视每一次谈判，谈判前都会事先进行充分的准备，广泛收集各种可能派上用场的资料，甚至对方的身世、嗜好和性格特点等，使自己无论处在何种局面，均能从容不迫地应对。这也是一种"凡大事谋定而后动"的成熟与智慧。

某犹太人财团欲向一家日本公司购买急需的电子设备。日本人素有"圆桌武士"之称，谈判经验丰富，手法多变，谋略高超。该犹太财团的谈判人员在强大对手的面前不敢掉以轻心，组织精干的谈判班子，对国际行情做了充分的了解和细致的分析，制订了谈判方案，并对各种可能发生的情况都做了预测。

谈判开始，按国际惯例，由卖方先报价。报价不是一个简单的技术问题，它有很深的学问：报价过高会吓跑对方，报价过低又会使对方占了便宜而自身无利可图。日本人对报价极为精通，首次报价1000万日元，比国际行情高出许多。日本人这样报价有自己的盘算，如果犹太人不了解国际行情，就会以此高价作为谈判基础；如果犹太人了解国际行情，不接受此价，但日本人过去也曾出过这样的高价，有历史依据，他们也有"台阶"可下。

事实上，犹太人已经知道了国际行情，知道日本人在试探，果断地拒绝了对方的报价。于是日本人便采取迂回策略，不再谈报价，转而介绍产品性能的优越性，想要用这种手法支持自己的报价。犹太人不动声色，旁敲侧击地提出问题："贵国生产此种产品的公司有几家？贵国产品优于德国和法国产品的依据是什么？"

用提问来点破对方，说明犹太人已了解了产品的生产情况。日本国内有几家公司生产同类电子设备，其他国家的厂商也有同类产品，犹太人有充分的选择权。日方主谈人充分领会了犹太人提问的含义，故意问自己的助手："我们公司的报价是什么时候定的？"这位助手也是谈判的老手，极善于配合，于是不假思索地回答："是很久以前定的。"主谈人笑着说："时间太久了，不知道价格有没有变动，只好回去请示总经理了。"

犹太人也知道此轮谈判不会有结果，于是宣布休会，给对方留下了一定的余地。最后，日本人认为犹太人是有备而来，在这种情势下，为了尽快做成生意，不得不做出让步。

上述事例中，犹太人做了周密的准备工作，善于抓住最佳的谈判时机，从而获得了最大的利益。

犹太人休·蒙克是一位资深的投资家，高尔夫球运动逐渐兴起时，他准备着手建造一个高尔夫球场。几经努力，他在德国的郊区选中了一块场地，这块场地价值2亿马克，竞争者很多。如果相互加价，价格自然就会被抬高，而且可能会高得离谱。怎样才能得到这块场地，并且使价格不至于抬高呢？蒙克一直在思考这个问题。终于，他想出了一个计策。

休·蒙克找到了这块土地所有者的经纪人，表明自己非常想购买这块场地的想法，然后请经纪人开价。这个经纪人知道蒙克非常有钱，就想乘机大赚一笔。经纪人说："这块场地的优越性是无可比拟的，建造高尔夫球场保证赚钱，要买的人很多，如果蒙克先生肯出5亿马克的话，我将优先考虑将这块地卖给你。"经纪人首先来了个"狮子大开口"。谁知，蒙克并不在意。"5亿马克？"他表现出对地价行情一无所知的样子，"不贵，不贵，我愿意买。"

休·蒙克的这招果然有效。经纪人喜滋滋地将这个情况汇报给土地所有者。土地所有者也大喜过望，觉得5亿马克的价格已经高得离谱了，所以回绝了其他的竞争者。大家听说自己的竞争对手是大富翁蒙克，知道坚持也毫无意义，就主动退出了竞争。

之后的一段日子，蒙克再也没来找经纪人。经纪人多次找上门，他不是避而不见，就是推三阻四说买地之事尚需斟酌。这可难坏了经纪人，他不得不极力劝说，希望蒙克将买地之事赶快定下来。蒙克还是不理不睬，最后才说："场地我当然是要买的，不过价钱怎么样呢？""您不是答应出价5亿马克吗？"经纪人小心地提醒道。"这是你开的价钱，事实上这块地最多只值2亿马克，你难道没听出我说'不贵，不贵'时的讥讽意味吗？你怎么把一句笑话当真了？"蒙克笑着说。经纪人这才发现已经中了蒙克的圈套，只好照实说："地价确实只值2亿马克，您就按这个数目付款也行。""真是笑话，如果按这个价格付款，我就不需要犹豫了。"蒙克说。由于其他竞争者已经退出了竞争，现在除了蒙克，不会再有其他人购买了。经纪人陷入进退两难的境地，最后只好以1.5亿马克成交。

从上面的例子可以看出，在谈判时，要使自己的利润达到最大化，就要把握住时机。蒙克把经纪人逼到了"绝境"上才开始自己的谈判，在这样的情况下，只要他提出的条件不是特别苛刻，对方就很可能会答应。这就是把握住时机的好处——把握最佳谈判时机，使利润最大化。

犹太人在谈判前大多会做充分的准备，也大多会选准时机，他们往往采用以下方法和对方谈判：

1.据理力争，软硬兼施。

其实，谈判双方都只有一个目的：使自己的利益最大化。

这种从利益出发所带来的结果常常会使谈判陷入僵局，而犹太人善于周密计划，柔中带刚地谈判，这是一种行之有效的可以缓和气氛、达到目的的方法。

2."攻心"为上。

犹太人认为，谈判是人与人心理的较量。因此，在谈判中就要"攻心"。犹太人"攻心"最基本的战术是暗示。他们认为，暗示的最大好处是暗示者什么也不需要允诺，而受暗示者就会给自己做出种种"投己所好"的允诺。

在谈判中，犹太人还会运用一些心理暗示，诱导对手自己进行一些"合理"的推想，从而达到"攻心"的目的。对手根据暗示达成谈判后，即使意识到自己上了当，也只能怪自己没有领会谈判对象的意图。

所以说，谈判过程中多运用谈判策略，可以在谈判时得心应手，出奇制胜，抢占先机。

签订契约就要承担责任

在各个国家，契约都得到了法律承认，并在一定程度上受法律保护。但是，人们对契约的履行程度并不一样。对犹太人来说，契约十分神圣，如法律一样不可侵犯，毁约行为是绝对不允许发生的。契约一经签订，无论发生什么，都要履行，这样才能保证信誉不被摧毁。

有一位出口商与犹太商人签订了 2 万箱蘑菇罐头合同，合同规定："每箱 20 罐，每罐 100 克。"但是出口商在出货时，却装运了 2 万箱 150 克的蘑菇罐头。货物的重量虽然比合同规定的多出了 50%，但是犹太商人拒绝收货。出口商甚至同意超出合同的部分不收钱，但犹太商人仍不同意，并要求索赔。出口商无可奈何，只好赔偿了犹太商人的全部损失，还要把货物另作处理。

这个案例看似是犹太商人不通情理，但事实并非如此，实际上，犹太人不在乎是否得了便宜，他们更看重的是一个商人是否信守契约。

第二章　凭合法手段挣钱

《塔木德》中说："立誓之事就是对自己有害也不能反悔。"这其中强调的就是责任和诚信，所以，谨守此道的犹太商人总是从长远考虑问题，为了信誉宁愿赔钱，也不反悔。他们诚实守信的作风给世人留下深刻印象的同时，也成就了他们受人钦佩的形象。

1940年，犹太青年奥斯曼以优异的成绩毕业于开罗大学，并获得了工学院学士学位。毕业后，他重新回到了伊斯梅利亚城。他想自谋出路，当一名建筑承包商。这在许多人看来简直是白日做梦。

奥斯曼的舅舅是一名建筑承包商，他曾经开导奥斯曼说："你要有自己的思想，不要人云亦云。"奥斯曼为了筹集资金，到了舅舅的承包行当助手。

在工作中奥斯曼注意积累工作经验，了解施工所需要的一切程序，了解提高工作效率、节省材料的方法。经过一年多的实践后，奥斯曼收获不小，但也有不少感慨："舅舅是一个缺乏资金的建筑承包商。他们的设备陈旧、技术落后，无力与欧洲承包公司竞争。我必须拥有自己的公司，成为一名有知识、有技术、能同欧洲人竞争的承包商。"

1942年，奥斯曼离开舅舅的承包行，用手里仅有的180埃镑筹办了自己的建筑承包行。根据在舅舅承包行所获得的工作经验，他确立了自己的经营原则：谋事以诚，信誉为重。创业初期，奥斯曼不论业务大小、是亏是赚，都一律按契约行事。他第一次承包的是一个极小的项目——为一个杂货店老板设计一个铺面，合同金只有 3 埃镑。但他没有拒绝这笔微不足道的买卖，并为之颇费苦心，毫不马虎。他设计的铺面很合杂货店老板的心意，杂货店老板逢人便称赞奥斯曼是一个绝对可信之人，奥斯曼的信誉日益提高。奥斯曼的经营原则获得了顾客的信任，他的承包业务日渐红火。

1952 年，英国殖民者为了镇压埃及人民的抗英斗争，出动飞机轰炸苏伊士运河沿岸村庄，村民流离失所。奥斯曼承包公司开始了为村民重建家园的工作，两个月的时间里，他们为 160 多户村民重建了房屋，他的公司获利 54 万美元。

20 世纪 50 年代后，海湾地区大量发现并大肆开发石油，各国首脑相继加快本国的建设步伐。他们需要扩建皇宫，建造兵营，修筑公路。这给了奥斯曼一个历史性的机会，他以创业者的远见，率领自己的公司走进了海湾地区。他面见沙特阿拉伯国王，陈述了自己的意图，并向国王保证：他将以低投标、高质量、高信誉来承包工程。沙特国王答应了奥斯曼的请求。后来工程完工时，奥斯曼请沙特国王来主持仪式，沙特国王对此极为满意。

"人先信而后求能。"奥斯曼因为遵守合同、讲究信誉，他的公司的影响力不断扩大，得到了不少国家和地方政府的信赖。随后几年，奥斯曼在科威特、约旦、苏丹、利比亚等国均建立了自己的分公司，成为享誉中东地区的建筑承包商。

奥斯曼讲究信誉的做法，在一定情况下会使自己"吃亏"。但是，"吃亏"毕竟是暂时的，诚实守信最终让他的事业蒸蒸日上。

1960年，奥斯曼承包了世界上著名的阿斯旺高坝工程。地质构造复杂、气温高、机械老化等不利因素给建筑商带来了重重困难，从所获利润来说，承包阿斯旺高坝工程还不如在国外承包一件大建筑赚的多。奥斯曼为了国家和人民的利益，克服一切困难，完成了阿斯旺高坝工程第一期的合同工程。但随后却发生了一件令奥斯曼意料不到的事情，让他吃了大亏。

纳赛尔总统于1961年宣布国有化法令，私人大企业被收归国有，奥斯曼公司也在其列。国有化以后，奥斯曼公司每年只能收取利润的4%，奥斯曼本人的年薪仅为35万美元。这对奥斯曼和他的公司来说都是一次沉重的打击。但奥斯曼没有忘记自己的承诺，他克服困难，继续修建阿斯旺高坝。

纳赛尔总统看到了奥斯曼对阿斯旺高坝工程所做的卓越贡献，于1964年授予奥斯曼一级共和国勋章。奥斯曼保全了自己的形象与自己的做事原则。1970年萨达特执政后，归还了被国有化的私人资本。奥斯曼公司的影响扩大，并参与了埃及许多大工程的单独承包。至1981年，奥斯曼成为驰名中东的亿万富翁。

犹太人十分重视契约。在犹太人的信仰中，违反契约必会遭到上帝的惩罚；相反，信守契约，上帝则会给予其幸福的保证。

犹太人成功的原因之一，就在于他们一旦签订了契约就一定会履行，即使有再大的困难和风险也会自己承担。他们相信对方也一定会严格履行契约。他们认为签订契约前可以谈判，可以讨价还价，也可以妥协退让，甚至可以不签约，这些都是自己的权利。但是，一旦签订了契约就要承担责任，而且要不折不扣地执行。

有一个犹太商人和雇工订了契约，规定雇工为商人工作，商人每周发一次工资，但工资不是现金，而是雇工从附近的一家商店里领取与工资等价的物品，然后由商店老板和犹太商人结账。

过了一周，雇工气呼呼地跑到犹太商人跟前说："商店老板说，不给现款就不能拿东西，请付钱吧。"过了一会儿，商店老板又跑来结账了，说："你的雇工已经取走了与工资等价的东西，请付钱吧。"犹太商人一听，糊涂了，经过反复调查，确认是雇工从中做了手脚。但是犹太商人还是付了商店老板的钱，因为只有他同时向双方做了许诺，而商店老板和雇工之间并没有雇佣关系，既然有了约定，就要遵守。虽然这名犹太人吃了亏，但他只怪自己当时太疏忽，轻信了雇工。

从上面这个例子可以看出，犹太人是很重视契约的，即使自己吃亏上当，也会承担约定的责任，违约对他们来说是不可能也不可以做的。因为，违约会给自己的生意、名誉带来更大的损失。试想，一个没有信用的商人有谁会愿意与他合作呢？而没有合作又怎么能做生意赚钱呢？

契约是衡量
一个人道德品质的天平

《塔木德》中说："契约是衡量一个人道德品质的天平。"犹太人严格遵守契约，认为契约一旦签订，就算生效了，不但自己要遵守，也要求对方严守契约。

《塔木德》指出，信守诺言的约束有助于人们获得成功。下面这个故事生动地诠释了这一经商法则。

从丛林中走出了4个犹太男人。他们蓬头垢面、衣衫褴褛、筋疲力竭、步履艰难，简直像是刚从死牢逃出来的囚犯。

走在前面的两人，共同扛着一只很重的箱子。后面那两人则拄着拐杖。他们原本素不相识，都是被探险家马格拉夫招聘来参加原始森林探险的。可是，不久前，马格拉夫被可怕的热病夺去了生命，只剩下他们群龙无首的4个人了。

马格拉夫在临终前给他们留下了一个神秘的沉重的箱子。这是他在已知自己死期将近时，背着他们将箱子钉好，并密封起来的。

"要把它送出去，必须由你们4个人合作，两人一组轮流抬着它。"马格拉夫嘱咐道，"希望你们每个人都向我保证：在把它安全送到目的地之前，绝不打开它，地址就在箱盖上。如果你们能将它安全地送到我的好友麦克唐纳手里，你们将会获得无价之宝。他就住在丛林外的海边。你们答应我好吗？"

4个人都郑重地向马格拉夫许下了诺言，因为这是一个他们共同尊重的人的遗言。他们怎能不敬重他呢？在这可怕的原始森林中，每当他们由于心灵受到单调乏味的"腐蚀"而几乎互相充满敌意时，总是马格拉夫把他们团结起来。马格拉夫用自己的精神力量不断地感染他们，鼓舞他们，使得这支小小的探险队战胜了无数次意想不到的困难。而今，马格拉夫与他们永别了，可是他留下的这个神秘的箱子以及他要求他们对他许下的诺言，却代替他成了联结他们这4个人的精神纽带。

这是一个奇怪的组合。这4个人是大学生巴里、大个子的爱尔兰厨师麦克里迪、水手吉姆·赛克斯和约翰逊，他们是马格拉夫从一间湖滨酒吧里找来的。

水手赛克斯有一张地图。每当他们停下休息时，他总要将地图拿出来，仔细研究一番。他会用手指点着地图说："这就是我们的目的地。"从地图上看，目的地并不遥远。可是，要走到那儿，谈何容易啊！

丛林越来越深了。危险和恐惧不断向这4个人袭来。此刻，他们是多么怀念马格拉夫啊！因为，马格拉夫总能在困难时，及时给他们以精神上的鼓舞。在任何情况下，马格拉夫总能给他们以前进的动力。

起初，这4个人还互相交谈。对他们来说，能听到别人的声音似乎也是一种慰藉。但他们很快便发现，谈话似乎只会加重箱子的分量，使自己更加疲劳，于是他们沉默了。接踵而来的，是比沉默更糟糕的东西：在每个人的心中，反复交叠地出现了对亲人和家庭的想念、对同伴的猜忌和对密林及死亡的恐惧。唯一能支撑这个集体走下去的，是马格拉夫留下的箱子。尽管它显得越来越沉重，但在一切都几乎成为幻想时，只有箱子是实实在在的。是箱子，促使着心力交瘁的4个人继续前进；是箱子，在4个人濒于分裂时，将他们联合起来。

这个神秘的箱子里，到底装着什么宝贝呢？他们进行着各种猜测。不过有一点是共同的：高尚的马格拉夫绝不会欺骗他们。正因为这样，他们相互间也存有戒心：绝不能让某个人独吞了这批无价之宝。其实，这担心是多余的。正如马格拉夫所说，非得4个人齐心合力，才能把这个沉重的箱子抬出去。

这一天终于到了！大森林那堵严密的绿色"高墙"豁然打开了。他们来到了丛林的边沿。这时，他们已经筋疲力竭。

历尽千辛万苦的4个人，终于找到了麦克唐纳先生。这个穿着件油迹斑斑的白大褂的老头热情地接待了这4个人。他们饱餐一顿之后，约翰逊舔了舔干燥的嘴唇，有点难为情地提起了马格拉夫许诺的报酬问题。

老头听完，却爱莫能助地把手一摊，歉然地说："可是，朋友们，我一无所有。除了对你们表示感谢之外，我没有什么可以报答你们的。马格拉夫是我的好朋友。你们实践了对他的诺言，我万分感激，但我却无法酬谢诸位。"

约翰逊指着箱子说："在这里面。"

赛克斯也热切地重复道："在箱子里面。"

"请把它打开吧。"4个人异口同声地要求道。

他们开始动手拆箱子。一层一层全是木头。约翰逊说："这是开的什么玩笑呀？"

赛克斯说："我听见声音了！我听见咔嗒声了。快来看！"4个人都围拢过来。然而，麦克唐纳从箱子里掏出来的，却是一块块毫无价值的普通石头。

麦克里迪失望地说："我早就觉得那人有点疯，说什么箱子里有比金子还贵重的无价之宝！"

"不，"巴里马上说道，"记得他的原话是这样的：如果你们能将它安全地送到我的好友麦克唐纳手里，你们将会获得无价之宝。"

巴里将自己的同伴轮流打量了一遍，他脑海里重现了他们在原始森林中那可怕的经历。他仿佛又见到了路旁的堆堆白骨。

他记起人们在他们进入森林前的告诫：单枪匹马在森林里闯的人，没有一个能活着出来。

巴里终于明白了。他语气深沉地说："朋友们，你们难道还没弄清楚吗？马格拉夫让我们得到的，是我们的生命啊！如果没有这个箱子，没有他的那些对诺言的约束，我们能活着走出来吗？"

对一个人来说，遵守诺言就是诚实守信；对一个商人来说，遵守诺言就是童叟无欺。这是做人的根本，也是经商成功的秘诀之一。

美孚公司是全世界最大的石油公司之一。有一次，公司要采购 3 万把餐刀和叉子，他们找到了犹太商人乔费尔。

乔费尔非常重视这单生意，很快就找到了生产厂家。厂家接到订单，对乔费尔提出的按时交货的要求满口答应下来。可是谁知道厂家在管理上脱节，无法将餐具按时生产出来，乔费尔十分着急，眼看交货日期就要到了，临时更换厂家的话时间上不允许，他只得自己"认栽"了。他请求厂家不要将日期拖得太晚。好在厂家在紧急关头尽力赶货，终于在最后交货期限的前几个小时将这批货赶了出来。货物是赶出来了，可是在几个小时内将货物运到交货地，按照一般方法无论如何都来不及了。在乔费尔心中排在第一位的不是打电话与美孚公司讨价还价，也不是怎样将责任推到生产厂家头上，而是怎么才能尽可能快地将货物按照既定时间运抵交货地点芝加哥。终于，他想出了一个别人看来很"笨"的办法——用飞机将货托运到芝加哥。

用飞机托运这批餐具，比正常运输费高出 6 万美元，也就是说，平均每副刀叉会多增加运输成本 2 美元，这比他从中挣到的利润还要高出许多。但乔费尔的想法是：宁可多出 6 万美元，也要遵守当初与美孚公司签下的协议！当这批刀叉运送到美孚公司指定的交货地点时，刚好到达最后期限。

犹太人认为既然签订了合同，就要严格遵守，这样既显得讲诚信，又能避免遭受意外损失，而仅仅看见眼前利益、不严格履行合同的做法是不可取的。

时至今日，犹太人一直遵守先人订下的守信之约，对立约、履约及践约无比重视。正是由于犹太人重视立约、履约和践约的精神，才使得他们能够在商场上屹立不倒。

做生意相互信任最重要

相互信任是社会交往和经商的一条重要原则。信任是相互的，只有信任别人才能赢得别人的信任。犹太人认为，取得别人的信任十分重要，如果做事不守规矩，不守承诺，就会失去客户的信任，也就很难做成生意，无法赚到钱。

美国的一个出版家约翰逊就是用真诚的服务取得大客户的信任、最终得到真尼斯无线电公司的广告的。

当时真尼斯公司的老板是麦克唐纳，他十分精明能干。约翰逊写信给他，请求和他面谈真尼斯公司广告在黑人社区中的利害关系，麦克唐纳马上回信说："来函收悉，但不能与你见面，因为我不分管广告。"

约翰逊并没有泄气，而是继续努力。"好，他是公司的老板，但又不管广告，那他是干吗的？"约翰逊想。答案再清楚不过：麦克唐纳掌握着政策，相信也包括广告政策。约翰逊再次给麦克唐纳写信，询问可否去见他，谈论一下关于在黑人社区所执行的广告政策。

"你真是个不达目的誓不罢休的年轻人，我答应见你，但是，如果你要谈在你的刊物上安排广告的话，我就立即中止谈话。"麦克唐纳回信说。

于是一个新问题出现了：该谈什么呢？

约翰逊翻阅了美国名人录，同时调查了麦克唐纳的履历。他发现麦克唐纳还是一位探险家，在亨生和皮里准将到达北极那次闻名的探险之后的几年，还曾去过北极。

亨生是个黑人，曾经将自己的探险经验写成书。

这是约翰逊难得的机会。约翰逊让在纽约的编辑去找亨生，求亨生在自己的一本书上亲笔签名，好送给麦克唐纳。约翰逊还想到亨生的事迹是写故事的好题材，于是他从未出版的月刊中抽掉一篇文章，以一篇亨生的简介代替。最后，约翰逊成功取得了亨生的信任，亨生在那本月刊上签了字并寄给了他，并随赠一本亨生自己签名的书。

这时，约翰逊心里已经有了八分把握，于是他约好与麦克唐纳见面。约翰逊刚步入麦克唐纳的办公室时，麦克唐纳的第一句话就是："你要做与黑人社区有关的项目，那你了解黑人吗？看见那边那双雪鞋没有？那是一个叫亨生的人给我的。他是我最好的朋友，你熟悉他写的那本书吗？"

"嗯，熟悉。刚好我这儿有一本，他还特地在书上签了名。"

麦克唐纳翻阅着那本书，接着，他用带着挑战的口吻说："你出版了一份黑人杂志。依我看，这份杂志上应该有一篇介绍像亨生这样人物的文章。"

约翰逊表示同意麦克唐纳的意见，并将那份签了名的杂志递给他。麦克唐纳翻阅了一下那本杂志，点头表示赞许。接着约翰逊告诉麦克唐纳说："我创办这份杂志就是为了弘扬像亨生那种克服重重困难而实现最高理想的人的精神。"交谈到此，接下来的事情自然就顺理成章了。

可见，不管是想和对方合作还是有求于人，首先要得到对方的认可和信任。那么，如何才能取得对方的信任呢？

第一，为人要真实。任何虚假、伪装、欺骗的行为，哪怕是一点点都可能成为别人对自己不信任的根源。即使一次可以蒙混过关，赢得的也只是一时的信任而非一世的信任。

第二，为人要坦诚。不要让对方感觉到你有值得怀疑的目的与言行。即使你已让对方产生误解，只要你开诚布公、心胸坦荡地与对方沟通，你依然能重新获取信任。

第三，为人要忠诚。忠诚为信任之本，任何背叛都可能会被人毫不犹豫地拉进"黑名单"。

第四，为人要清廉、正直。清廉、正直的品格会很容易使人感到你是一个值得信赖的人。

第五，要有责任心。"信任"的字面解释可理解为"相信"与"责任"，要让别人信任你，你就必须讲信用，敢于承担责任。

第六，待人要诚恳。做人做事一定要诚恳，只有这样，才能获得他人的信任，才能在生意场上站稳脚跟。

坚持以上的品质，持之以恒，你便会渐渐成为受人信任和欢迎的人，而在你经商时，你的生意也会越来越好。

诚信经商，童叟无欺

犹太人对于欺骗他人的行为是非常鄙视的，他们认为这种人是不可饶恕的。《塔木德》中说："鱼离开水就会死亡，人没有礼仪便无法生存，而不讲诚信则会受到炼狱的惩罚。"犹太人最重诚信，无论是经商还是在生活中，他们都把诚实守信看作是最基本也是最重要的个人素养要求。

常言道："诚乃德之本，信乃商之根。"恪守信用是一种美德，也可以帮助人创造更多的财富。人无信不立，一个人就算再有本事，再富有，若没有信用的话，他也会逐渐失去一切，而且永远不会获得成功。做事先做人，做人首先就要讲诚信。

在商场上，信用就是市场，信用就是财富，信用就是企业发展的基石。只有诚信经商，实现互惠双赢，才可以在市场上站稳脚跟。古往今来，诚实守信都是人与人之间所要遵循的基本道德规范。

犹太人的诚信，一是来自于他们的宗教文化，《塔木德》中有许多关于贸易活动中遵循诚信原则的规定；二是来自于他们的远见卓识。

　　犹太人认为，诚信是经商的灵魂，是经济领域中的"黄金定律"。诚信不仅可以规避交易风险、维护交易安全、保障交易主体实现对预期利益的追求，还可以起到安全纽带的作用，使整个市场运行有序。在谨守诚信的犹太商人看来，做生意时，尽管竞争的方式方法多样，但不变的是谈生意时要以诚相待，这样才有可能达成商业合作，从而谋得利益。

　　梅耶·安塞姆是赫赫有名的罗特希尔德家庭财团的创始人，18世纪末他在法兰克福著名的犹太人街道生活时，他的同胞们遭到了令人发指的残酷迫害。在这样的生存状况下，安塞姆在一个不起眼的角落里建立了自己的事务所，并在上面悬挂了一个红盾。他将其称为"罗特希尔德"，在德语中的意思就是"红盾"。他就在这里做起了借贷的生意，迈出了创办横跨欧洲大陆的巨型银行集团的第一步。

　　当兰德格里夫·威廉被拿破仑从他在赫斯卡塞尔地区的地产上赶走的时候，他还拥有500万银币，他把这笔钱交给了安塞姆，他并没指望还能把这笔钱要回来，因为他认为侵略者们肯定会把这笔钱没收的。但是，安塞姆非常精明，他把钱埋在了后花园里，等到敌人撤退以后，他就以合适的利率把它们贷了出去。

　　当威廉返回来的时候，等待他的是令他喜出望外的好消息——安塞姆差遣他的大儿子把这笔钱连本带息地送还了回去，还附了一张借贷的明细账目表。

安塞姆的诚信令威廉深受感动，他没想到这么一大笔钱能够失而复得，从此更加信任安塞姆。

犹太人知道，若想成功，必须奉行诚实守信的原则。犹太人生下来就被告知："任何交易都要绝对诚实。"如果想要到达成功的顶峰，绝不可欺骗和说谎。谎言，即使是善意的小谎言，也会使许多人从好不容易攀上的顶峰摔落，或是使他们在追求成功的路上半途而废。犹太人始终坚持信念，无论是经商还是在生活中，他们都秉持诚信的原则，进而从中受益。

在一间办公室里，犹太人埃尔顿正在应征销售员的工作。

经理梅达先生看着眼前这位身材瘦小的年轻人，忍不住叹了口气。因为从外表上看，这个年轻人没有显出任何销售魅力。

经理问道："你以前做过销售工作吗？"

"没有！"埃尔顿诚恳地答道。

"那么，现在请回答几个有关销售的问题。"梅达先生开始提问，"商人的目的是什么？"

"让消费者了解产品，从而心甘情愿地购买。"埃尔顿不假思索地答道。

梅达先生点点头，接着问："面对推销对象你打算怎样开始谈话？"

"'今天天气真好'或者'你的生意真不错'。"

梅达先生又点了点头。

"你有什么办法把打字机推销给农场主？"

埃尔顿思索了一番，不紧不慢地回答："抱歉，先生，我没办法把这种产品推销给农场主。"

"为什么？"

"因为农场主根本就不需要打字机。"

梅达高兴得从椅子上站起来，拍拍埃尔顿的肩膀，兴奋地说："年轻人，很好，你通过了面试，我想你会成为出类拔萃的销售员！"

马雅可夫斯基曾说："诚实是最伟大的美德，它为我们的生活涂上一笔最真实的色彩。"

在当今社会，诚实守信在人际交往中尤为重要。作为一个商人，以诚相待、取信于人、互惠互利，必定可以拥有很多朋友，而不至于落入"四面楚歌"的境地。只有成为一个信用良好的商人，才能成功地经营生意，也才会赢得更多的市场。

如今市场竞争越来越激烈，我们要想把自己的事业做大做强，就需要建立良好的信用，树立良好的形象，同时要采取互惠共赢的合作方式，从而在竞争激烈的市场上占有一席之地。

第三章

凭诚心诚意经商

适合自己的才是最好的

犹太人做生意时遵循的一个原则是：不要最好的，只要最适合自己的，只有最适合自己的才是最好的。下面这个例子就极为深刻地说明了这点。

徐斌是一个还未毕业的大学生，但却已是一家贸易公司的总经理，他现在已经拥有一家月销售额超过 90 万元、利润约20 万元的网店。信息科技的进步让电子商务逐步为大家所接受，也给了很多人更多的创业机会。当有人问徐斌做生意有什么窍门时，徐斌说做生意一定要选择适合自己的。

徐斌于 20 世纪 80 年代中期出生在湖州，从小就是一个在生活上特别独立的人。在他刚踏入大学校门半个月后，他就通过一家家教中介公司找到了一份家教工作，在双休日给家住市区的一位初三学生补课。

后来，徐斌又找了另外两份家教，双休日里一家接着一家地去上课，最多的时候，他双休日要上 16 小时的课，可以赚300 元钱。这对于一个学生来说，其实是一件非常不容易的事情。

后来他发现大学里想去做家教的学生其实很多，但很多人没能找到一家合适的中介机构，于是，他从做家教转为了做家教中介。他在学校附近租了一间房子，办起了自己的家教中介，然而家教中介的经营并没有他想象中的那么成功。半年之后，他发现自己基本没有赚到钱，于是选择淡出这个行业。

大二时，徐斌经过朋友介绍购进了一批日本人淘汰的旧笔记本电脑，就这样他开始了自己的第二次创业——买卖二手笔记本电脑。徐斌通过在校园论坛发帖，第一次一共卖出十多台笔记本，每本都会有200多元的利润。后来他开始在淘宝上搜寻二手笔记本电脑，发现有价格比较便宜的他就会买下来，然后再卖给学校的学生。但是几个月后，他发现这个生意也不好做，因为笔记本是二手的，所以很容易出现各种各样的问题，一出问题，同学们就会找他，他不得不帮同学们维修。这样不仅花时间，还得自己花钱换那些坏掉的配件，所以他再次放弃了这次创业。

第二次创业失败以后，徐斌又开始了第三次创业。有一次，徐斌逛街的时候忽然发现一家书店的武侠小说很畅销，而且价格很低。于是他便以很低的价格购进了一大批武侠小说。在课余时间，他开始在大学校园里面摆起地摊卖书。本来徐斌以为这次会大赚一笔，但是事实却远远没有想象中的完美：随着网络的发展，很多大学生有了电脑，所以大部分学生会选择网购，因为网购的书比较便宜。就这样，他的第三次创业再次以失败告终。

随着网络的发展，网购逐渐成为很多年轻人，特别是在校学生的生活习惯，所以徐斌的第四次创业就选择了开网店。2009 年，徐斌在网上注册了自己的店铺，开始的时候卖一些名牌服装的尾货，然而网店的生意并没有多么红火。

一天，徐斌无意中听到一位同样做网店的网友说做婴幼儿用品批发生意比较好，现在网上卖得最火的东西就是婴幼儿用品。婴幼儿口水巾成本很低，一块小小的三角布，上面绣着孩子们喜欢的图案，孩子们把它围在脖子上，既可以擦口水，也可以当装饰品。

得到这个信息之后，徐斌就试着进了一批口水巾。他将口水巾的宣传照片往网上一挂，立即吸引了许多爸爸妈妈的目光。很快，他的生意开始红火起来，每条进价 4 元的口水巾，他在网上可以卖到 10 元，这样一来，他很快就赚到了一大笔钱。

徐斌通过这次成功的经验总结出了开网店的一条规律："网上卖的东西，一定要是实体店里很难买到，而且一定要是喜欢上网的人群需求比较大的。"遵循这条规律，他开始扩大网店的经营范围，除了卖婴儿口水巾以外，还卖婴幼儿太阳帽、小背篓之类的儿童用品。

为了让自己的网店更有吸引力，徐斌开始从国外引进一些比较特别的婴幼儿用品。随着需求量的增加，他又直接买原料，然后找相关的厂家制作，这样一来，利润又增加了不少。此后，为了方便批量生产，他又开始专门做婴幼儿产品的批发生意，零售就不再做了。如今他的客户已经遍布国内外各大城市。

一个还没毕业的大学生现在拥有的这份事业让很多人羡慕。然而，在羡慕之后，我们是不是也该想想为什么他能获得如此大的成功呢？其实，从徐斌的成功事例中我们应该明白，做生意并不一定要拘泥于形式、规模与行业，关键是要做最适合自己的。

许多犹太商人十分明白这一点，因此，在选择行业时，他们一定会考虑到自己的兴趣爱好，找到适合自己的生意，然后去为之努力奋斗。

分散风险：
不要把鸡蛋放在同一个篮子里

　　犹太商人有一句名言："不要把所有的鸡蛋放在同一个篮子里。"这是犹太商人分散风险的重要法则，即采取"防患于未然"的经营策略，量力而行，要最大限度地预防、降低商业风险，避免遭遇一损俱损的投资后果。

　　做任何事，都应该给自己留有余地，投资、理财更是如此。商场中充满变数，许多事情是人们预料不到的，或者是控制不了的，因此，不要将全部的家当拿去做投资，要给自己留条"后路"。当你开始实施自己的投资计划时，千万不要把所有的资金全部投注在同一件商品或同一种性质的物品上，要将资金分散，这样既可分散风险，也可避免血本无归。这是最安全的投资方法。

　　犹太商人认为，不论你即将投身于还是已经投身于投资市场中，都要随时衡量自己是否有充裕的资金投入，随时警惕，不要让自己游走于弹尽粮绝的边缘。投资最忌讳的就是不顾后果地"一头往里栽"，这是一种危险的投资行为。每一项投资行为所带来的利润与风险都是成正比的，高利润的背后必然隐藏着高风险。所以，对于一般的投资者来说，在资金并不宽裕的情况下，高风险投资的比例千万不可超过自己本身所能负荷的能力，否则可能会把家底全部赔光。

每个投资者都应有计划、有目标，并留有充分的余地，做到胸有成竹。

索罗斯1930年出生于匈牙利的犹太家庭，是一位著名的股票投资者，他做投资时有几个重要的原则，其中一条是"别拿全部家当下注"，他总是给自己留有充分回旋的余地，而不做"非死即生"的选择。东南亚经济危机之后，索罗斯的名字与"金融大鳄"画上了等号。但即便作为一位敢冒大风险的"投机客"，他依然为我们留下一句警告："永远不要孤注一掷。"

可见，承担风险虽然对金融投资是必要的，但绝不要去冒倾家荡产的风险，永远都要给自己留有回旋的余地，这是每个投资者都应该从犹太人那里学习的智慧。

坚定信念，你就能掌控自己的命运

一个人获得成功的关键是什么？那些成功的犹太商人会十分肯定地说：坚定信念。信念是克服一切困难的前提与根本，信念可以帮助人们成就事业，达到目标。

一个希望获得成功的人，也许要不停地问自己："你有耐性吗？你有毅力吗？你能在失败之后，仍然坚持吗？遇到阻碍，你愿意继续前进吗？" 在人生的道路上，唯有坚定信念，才能忍别人所不能忍的艰辛，忍别人所不能忍的挫折，才能找到事业发展的方向，掌控自己的命运，从而赢得成功。

一个破产的商人回到家中，一脸沮丧地对妻子说："亲爱的，我完了。我们所有的财产都被法官没收了。我们一无所有了。"

商人的妻子注视着他的脸，沉默了一会儿，然后问他："法官会把你卖了吗？"商人说："哦，当然不会。"妻子又问："法官会把我卖了吗？"商人答道："哦，怎么会呢？"妻子继续说："那么，就不要说我们已经失去了一切。所有最有价值的东西都还在——你、我，还有孩子。我们只是失去了用我们的能力和勤奋所获得的成果。我们的双手还在，那么我们就可以再去创造一笔财富。"

俗话说："千金散尽还复来。"所以，一定要相信自己，要坚定自己的信念，这样，才能掌控自己的命运。

有一天，一位犹太教师在河边遇见了忧郁的年轻人费列姆。费列姆唉声叹气，愁眉苦脸。

"孩子，你为何如此闷闷不乐呢？"教师关切地问。

费列姆看了一眼教师，叹了口气说："我是一个名副其实的穷光蛋。我没有房子，没有工作，没有收入，整天饥一顿饱一顿地度日。像我这样一无所有的人，怎么高兴得起来呢？"

"傻孩子，"教师笑道，"其实，你应该开怀大笑才对！"

"开怀大笑？为什么？"费列姆不解地问。

"因为你其实是一个百万富翁呢！"教师有点神秘地说。

"百万富翁？您别拿我寻开心了。"费列姆不高兴了，转身要走。

"我怎敢拿你寻开心？孩子，现在能回答我几个问题吗？"

"什么问题？"费列姆有点好奇。

"假如，现在我出20万金币，买走你的健康，你愿意吗？"

"不愿意。"费列姆摇摇头。

"假如，现在我再出20万金币，买走你的青春，让你从此变成一个小老头，你愿意吗？"

"当然不愿意！"费列姆干脆地回答。

"假如，我再出20万金币，买走你俊美的相貌，让你从此变成一个丑八怪，你可愿意？"

"不愿意！当然不愿意！"费列姆摇头。

"假如，我再出20万金币，买走你的智慧，让你从此浑浑噩噩，度此一生，你可愿意？"

"傻瓜才愿意！"费列姆一扭头，又想走开。

"别慌，请回答完我最后一个问题。假如现在我再出20万金币，让你去杀人放火，让你从此失去良心，你可愿意？"

"天哪！干这种事，魔鬼才愿意！"费列姆愤愤地回答道。

"好了，刚才我已经开价100万金币了，仍然买不走你身上的任何东西，你说你是不是百万富翁？"教师微笑着问。

费列姆恍然大悟。他谢过教师的指点，向远方走去……从此，他不再叹息，不再忧郁，微笑着迎接他的新生活去了。

成功学大师拿破仑·希尔说："永远不要消极地认定什么事情是不可能的。首先你要认为你能行，然后不断尝试，最后，你会发现你不仅做成了，还做得非常好。"

犹太人坚信可以凭借自身的实力来获得财富，改变自己的命运。其实，没有什么是不可能的，只要你踏实努力，积极地想办法，问题很快就能解决。

美国著名的励志大师莱斯·布朗的左耳上结有厚厚的茧子。

布朗绝对算不上是一个幸运儿，他一出生就遭父母遗弃，稍大一点又被列为"尚可接受教育的智障儿童"，他实在有太多太多的理由自暴自弃。然而，他在中学阶段遇到了"贵人"——一位爱他的老师。老师告诉他："不要因为人家说你怎样你就以为自己真的怎样。"这句看似平常的话彻底改变了布朗的命运。

布朗决定加入演讲会，为每一个像他一样被"瞎了眼的命运女神"无情捉弄的不幸者呐喊，让每一颗怯懦的心都滋生出进取的勇气，让每一个平凡的生命都迸发出向上的力量。他要掌控自己的命运。

布朗很有自知之明，他想自己没有过人的资质，没有影响力，也没有经验，要想获得演讲的机会，只能靠自己去争取。于是，他一天到晚给人打电话，有时一天打一百多个电话，请求别人给他机会，让他去演讲。就这样，时间久了，布朗的左耳硬是被话筒磨出了茧子。

现在，布朗已经成为美国最受欢迎的励志演说家，他的演讲酬金每小时高达2万美元。一切都如期而至：掌声、鲜花、荣誉、金钱……

布朗笑了，他摸着左耳上的茧子不无得意地说："这个老茧值几百万美元哩！"

要想收获别无他法，付出努力是必经之路。如果在此路上投机取巧，那只会一无所获。

在赚取财富的道路上，成功总是伴随着那些认为自己肯定能成功的人。而创富的大忌之一便是轻易地断定做某件事是不可能的。

比利先生二十几岁，有位没工作的太太和一个孩子，他们租住在一间小公寓里，他工作卖力，但收入勉强够维持家庭日常开销。

有一天，比利突发奇想，他说："我想买一所新房子，下星期就搬进去。"比利太太认为他疯了，"你在开玩笑，这怎么可能？我们根本没有那份财力，可能连预付款都交不出来。"

比利不为所动，他说："跟我们一样想买一套新房子的夫妇有几十万人，其中只有一半人不能如愿以偿，一定是什么事情使他们打消了这个念头。我们一定要想办法买一套房子。虽然我现在还不知道怎么凑钱，可是一定要想办法。"

比利真的行动了，他找到一套两人都喜欢的房子，朴素大方又实用，预付款是 1200 美元。首先摆在比利夫妇面前的问题是如何凑够这 1200 美元。比利知道无法从银行借到这笔钱。

为什么不直接找承包商谈谈，向他私人贷款呢？比利真的这么做了。承包商起先很冷淡，但由于比利一再坚持，他终于同意了。他还同意比利把这 1200 美元的借款每月偿还 100 美元，利息另外计算。

接下来比利要做的是每个月凑出 100 美元。夫妇俩想尽办法，一个月可以省下 25 美元，还有 75 美元要另外设法筹措。

比利又想到一个点子。他直接跟自己的老板说了这件事，他的老板也很高兴他要买房子了。

"你看，为了买房子，我每个月要多赚 75 美元才行。我知道，当你认为我值得加薪时一定会加，可是我现在很想多赚一点钱。公司的某些事情可能在周末做更好，你能不能答应我在周末加班呢？"

老板被比利的诚恳和雄心所感动，真的找出许多事情让他在周末加班做，于是，比利赚到了足够的钱。夫妇俩欢欢喜喜地搬进了新房子。

由于比利始终坚定信念，积极主动地去做，想方设法地去实现自己的心愿，最终他做成了一般人连想都不敢想的事。

为什么有的人可以成为百万富翁，有的人却捉襟见肘？许多走上创富道路的人之所以没有取得最后的成功，很大原因是因为他们不相信自己会成功。成功学家麦迪先生曾说过："尚未开始动手就已成为悲剧主角的人太多了。"

犹太人认为，任何人都有自己存在的价值，一定要相信自己能够成功，这是不断进取的动力。

没有自信的人是无法成功的，胜利永远属于相信自己能行的人。

付出才能淘得真金

在犹太人中，流传着这样一个故事：

数百年前，一位聪明的老国王召集了聪明的臣子，交代给他们一个任务："我要你们编一本《各时代智慧录》，好留给子孙。"

这些聪明人离开以后，工作了很长一段时间，最后完成了一部 12 卷的巨作。老国王看了后说："各位先生，我确信这是各个时代的智慧结晶。然而，它太厚了，我怕人们不会读完它。把这些书浓缩一下吧！"

这些聪明人又经过长期的努力工作，几经删减之后，将这书浓缩成了一卷。然而老国王还是认为书太厚，又命令他们继续缩减内容。

这些聪明人把一本书浓缩为一章，然后浓缩为一页，又浓缩为一段，最后浓缩成了一句话。老国王看到这句话后，很高兴地说："各位先生，这真是各时代的智慧结晶，并且各地的人一旦知道了这个道理，我们担心的大部分问题就可以解决了。"

这句千锤百炼的话就是："天下没有免费的午餐。"

只有勤劳才能淘到真正的金子，用你的劳动去获得你想要的，比整日空想更实际。

犹太人相信，只要努力付出，就能获得成功的机会。

世界上最大的制片中心好莱坞的老板高德温，是一位犹太人。高德温1882年出生于华沙，11岁丧父，家境贫困。为了生活，他流浪到英国伦敦，曾在铁匠店当过童工，但他不怕苦不怕累，用勤劳的双手逐渐改变了自己的处境。他没有进学校学习的机会，便利用业余时间自学。到了美国后，他依然十分勤奋，从打工到自己经营手套工厂，最后发展成为好莱坞制片中心的老板，富甲一方。

犹太人在各个领域都取得了令人瞩目的成就，他们的秘诀之一就是勤奋。犹太人有一句格言："希望完成自己所能的是人，希望完成自己所希望的是神。"犹太人认为，凡是自己所能做的事情，都要自己动手去做。在遇到困难的时候，犹太人所秉持的原则是："要承受发生的事情，要忍耐贫穷带来的变故。"

犹太人萨尔诺夫，9岁时随父母移居美国，由于家境清贫。读小学时他也不得不利用放学的时间及假日打工，挣点钱贴补家用。他小学快毕业时，父亲积劳成疾去世了，他只好辍学去当童工。他没有抱怨自己的命运，而是非常勤恳地工作，用挣得的钱供养家人，并用省下的钱买书自学。几经周折，萨尔诺夫终于在一家邮电局找到了一份送电报的工作。他发誓要掌握电报技术，以后当电报业的老板。电报在 20 世纪初是刚问世的先进科技。萨尔诺夫不但有远见和眼光，而且有决心和毅力攀登这个高峰。他努力了十多年，把工资收入最大限度地节省下来。他白天卖力工作，晚上读电工夜校，获得了老板的赏识而逐步得到提升。1921 年，他的老板为了发展业务，分设"美国无线电公司"，萨尔诺夫被委任为总经理。此时他已 40 岁出头，可以大显身手了。最后，萨尔诺夫终于成为美国无线电工业巨头。

犹太人的生存法则之一是勤勉。在犹太人的家庭里，父母很注意培养他们子女的勤勉精神。犹太人认为对于勤劳的人，造物主总是给予他们最高的荣誉和奖赏，而对那些懒惰的人，造物主则不会给他们任何礼物。

自从传言有人在萨文河畔散步时无意间发现了金子之后，这里便常有来自四面八方的淘金者。他们都想成为富翁，于是寻遍了整个河床，还在河床上挖出很多大坑，希望找到金子。有一些人的确找到了金子，但另外一些人却因为一无所得而只好扫兴而归。也有不甘心落空的人，便驻扎在这里，继续寻找。彼得·弗雷特就是其中一员。他在河床附近买了一块没人要的土地，一个人默默地工作。

为了找到金子，彼得已把所有的钱都押在这块土地上。他埋头苦干了几个月，土地全变得坑坑洼洼，最终他失望了，因为他翻遍了整块土地，却连一丁点金子都没看见。6个月之后，他连买面包的钱都快没有了。于是，他准备离开这儿到别处去谋生。就在他即将离去的前一天晚上，下起了倾盆大雨，并且一下就是三天三夜。雨终于停了，彼得走出小木屋，发现眼前的土地看上去好像和以前不一样了：坑坑洼洼的土地已被大水冲刷平整，松软的土地上长出了一层绿茸茸的小草。"这里没有金子，"彼得若有所悟地说，"但这块土地很肥沃，我可以用来种花，然后拿到镇上去卖给那些富人。他们一定会买些花来装扮他们华丽的客厅。如果真是这样的话，那么我一定会赚许多钱，有朝一日我也会成为富人……"彼得仿佛看到了美好的未来，美美地撇了一下嘴说："对，不走了，我就在这里种花！"于是，他留了下来。

彼得花了不少精力培育花苗，不久田地里就长满了美丽娇艳的各色鲜花。他拿到镇上去卖，那些富人一个劲儿地称赞。他们很乐意付钱来买彼得的花，以使他们的家庭变得更富丽堂皇。5年后，彼得终于实现了他的梦想——成了一位富翁。"我是唯一一个找到真金的人！"他时常骄傲地说，"别人在这儿找到黄金之后便远远地离开了，而我的'金子'在这块土地里，只要肯付出就能采集到。"

世界上有稳赚不赔的买卖吗？大多数人会说："没有。买卖嘛，都是有风险的，因此也就有赔有赚。"实际上，大家忽略了一点：付出努力，终有回报。因此，"出售"自己的努力，实际上就是一桩稳赚不赔的买卖。

一个年纪很大的木匠就要退休了，他告诉他的老板：他想要离开这儿，去跟妻子及家人享受轻松自在的生活。老板实在舍不得这样好的木匠离去，所以希望他能在离开前，再盖一栋房子。木匠答应了，不过这一次他并没有很用心地盖房子，而是草草地用劣质的材料把房子盖好了。房子落成时，老板来了，顺便也检查了一下房子，然后把大门的钥匙交给木匠说："这以后就是你的房子了，这是我送给你的礼物！"木匠实在是太惊讶了，也很是后悔，如果他知道这栋房子是给他自己的，他一定会用最好的建材、用最精湛的技术把它盖好。然而，现在他却为自己盖了一栋粗制滥造的房子。

木匠的故事告诉人们一个道理：付出努力，才能有回报。那些投机取巧的人也许会取得一时的成功或收益，但投机不是稳赚不赔的买卖，而是有着极高的风险。想要稳中取胜，就必须付出自己的努力，而不掺杂任何投机取巧的成分。

任何一项成就的取得，都是与勤奋分不开的。勤奋是通往成功的必由之路，是打开"幸运之门"的钥匙。在人生的旅程中，一定要有适合自己的明确的目标，要为了实现自己的目标而不懈努力，在遇到挫折的时候，要善于变通，努力克服。只有这样，你的勤奋才能够为你带来财富。

耐心有时比力量、激情更重要

《塔木德》中说："要有耐心，忍耐暂时的挫折和不如意。"

犹太人深知通向财富之路需要耐心地等待机会，机会是稍纵即逝的，不可能每个人都能把握住良机。

犹太人善于在忍耐中等待商机，他们知道，在机会还没有来临时，最好的办法就是耐心地等待，在等待中为机会的到来做好准备。这样，一旦机会出现，他们便能紧紧地将它抓住。但是，犹太人并不是一味地等待，他们拥有极强的判断力，如果他们认为某个机会于己有利，能够使自己从中赚取钱财，那么，他们就会以超凡的耐心等待时机的到来；如果他们认为等待是徒劳的，自己无法从中获得任何好处，那么他们则会立即去寻找新的商机。

曾经以经营"收据公司"而闻名全球的犹太商人罗恩斯坦就是一个很好的例子。在看准了斯瓦罗斯基公司时，他就耐心地等待，一直等到第二次世界大战结束，机会终于来了。罗恩斯坦以自己灵活的头脑、巧妙的战略、极佳的策划，终于取得了斯瓦罗斯基公司的代销权，轻松地赚取了10%的利润。他的等待，表现了犹太人身上极强的耐心。

犹太人大多只会耐心地等待那些有较大把握的事，一旦他们觉得无利可图，就会立即甩手抽身，另谋生计。

犹太人贝里·马卡斯跟随父母从俄罗斯来到美国，住在纽威克的一个穷人聚居区。父亲靠做木工活维持生计，母亲则在家料理家务。马卡斯的母亲在40岁的时候患上了严重的风湿性关节炎，经常卧床不起。但是，她却从来没有抱怨过。他的母亲常挂在嘴边的一句话是"巴谢特"。这句话的含义是："这是上天的安排，生活总会苦尽甘来。"这是马卡斯的母亲面对艰难困苦时的一贯态度。

马卡斯的梦想是考进一所医学院，成为一名医生。作为一个穷学生，马卡斯选择了最近的路特格大学的纽威克校区，这样就他可以住在家里而省下住校的费用。马卡斯开始学习医学预科课程，并取得了优异的成绩。一天，系主任通知他，已经为他争取到了医学院的奖学金。但接下来的消息令人失望：马卡斯仍须另外缴纳1万美元的费用。他拿不出那么多钱，没办法，马卡斯只好退学。回家的路上，马卡斯和母亲通了电话。他告诉母亲，自己再也不会成为一名医生了。

"别泄气，"母亲安慰道，"说不定好事还在后头呢！"

马卡斯在餐馆当了一年服务生后，去了新泽西州的一所医学院求学。毕业后，他开始推销药品，这让他第一次接触到商品零售业，并喜欢上了它。后来，马卡斯跳槽到西部一家名为"便民"的公司，这是家小型家装物品公司。

在便民公司里，马卡斯常看到不少自己动手装饰和修补住房的人来买各种家装必需品。但是由于公司规模有限，所以他们不可能在这里一次就买齐。有一天，他突然有了一个主意：如果能有一家大商场，把所有的家装材料店，如厨卫设备店、涂料店、木材店，全都包括进来，顾客岂不更方便？

1978年的一天，马卡斯向老板谈了自己的想法，并希望老板能采纳自己的建议，把企业做大做强。但是老板却否定了马卡斯的想法，他认为马卡斯在自己面前过分炫耀，自以为是，无视自己的权威，于是，就把马卡斯解雇了。

这次失业给马卡斯带来了沉重的打击。马卡斯当时有两个孩子正在上大学，此外，他向银行借的大笔抵押贷款也必须按期归还。正当马卡斯心灰意冷时，他想起了母亲的那句口头禅。虽然母亲已经过世，但此时，他仿佛听见她在说"巴谢特"。

马卡斯决心自己当老板，着手实现创建一个大型家装材料超市的构想。他的这个超市将面向人口众多的工薪阶层。因为工薪阶层是自己动手搞家装的主力，他这样做，正好为他们提供了及时、恰到好处的帮助。

马卡斯又找了几个和自己志同道合的朋友作为合伙人。于是，一个名为"家庭"的大型家装材料公司应运而生。他们的生意做得红红火火，后来业务遍及全美。

在马卡斯的一生中，使他记忆最深的就是他母亲的那句口头禅，充满哲理的"巴谢特"——苦尽甘来。

从某种意义上说，耐心甚至比力量和激情更为重要。一个人的忍耐力反映了其对待人生和事业的态度，只有在任何时候都不好高骛远的人，才能脚踏实地地为成功打下坚实的基础。反之，则不但不能得到大财富，小财富也会与之擦肩而过。成功不是一蹴而就的，而是需要长期坚持不懈地努力。

希勒尔是伟大的犹太领袖，他非常善良，而且非常有耐心。一天，两个小孩子打赌，其中一个说道："我可以跟你赌400第纳尔，我可以让希勒尔生气。"

之后，这个小孩子在希勒尔洗澡的时候，大喊着："希勒尔！希勒尔！希勒尔在哪里？"这是非常无礼的行为。

希勒尔穿好衣服，平和地轻声问道："什么事，我的孩子？我有什么可以帮你的吗？"。

"为什么沙漠里的人会眼睛痛呢？"小孩子问道。

"这是一个好问题。沙漠里的人之所以会眼睛痛是因为他们住在沙漠附近，沙子被吹进他们的眼睛，所以他们会眼睛痛。"

于是这个小孩子离开了，希勒尔继续洗澡。

几分钟以后，这个小孩子回来了，又大声喊道："希勒尔！希勒尔！希勒尔在哪里？"

希勒尔再次穿好衣服走出来。"我有什么可以帮你的吗？"希勒尔很和蔼地问。

"为什么沼泽地里的人有扁平足？"

"这也是一个很好的问题。他们之所有会有扁平足是因为他们居住在沼泽地里，他们总是走在平坦潮湿的地方，所以他们的脚是平的。"

这个小孩子又离开了。

"我不能失去我的400第纳尔，"这个小孩子一边走一边自言自语道，"我一定要让希勒尔生气。我知道我应该怎么做。我要侮辱他，那样肯定能让他生气。"

这个小孩子又回来了，再一次大声喊道："希勒尔！希勒尔！希勒尔在哪里？"

希勒尔还是没有生气，又从浴室里出来。

"我有什么可以告诉你的吗，我的孩子？你尽管问吧，我会很高兴回答你的问题。"

"你是不是人们所说的那个希勒尔，以色列的王子？"

"是的，"希勒尔说，"他们是这么叫我的。"

"好吧，那么我希望以色列没有人会像你这样。"

"你为什么这么说呢？"希勒尔问，仍然保持很好的脾气。

"因为你我会失去400第纳尔。我跟人打赌400第纳尔，我可以让你生气，但是无论我怎么尝试，我都不能成功。"

"好吧，"希勒尔微笑着说，"你失去钱总比失去耐心要好。"

可见，犹太人把耐心看得有多么重要。他们时常告诫自己，失去什么也不要失去耐心。在通往财富与成功的路上，耐心必不可少，只有忍耐那些自认为值得的事，然后在机会出现时及时抓住，成功才会属于你。

灵活变通是经商的法则之一

作为商人，最根本的目的就是获得利润，对于"视金钱为上帝"的犹太商人而言，在多年的激烈商战中，他们用自己的智慧创造性地积累了大量的财富。

犹太人不仅具有良好的法律意识，严格守法，而且在经商中善于变通。在诚实守信的前提下，他们个个都是灵活变通的高手。

一位富有贤明的犹太商人，为了让他的儿子拥有智慧和知识，决定将儿子送往遥远的耶路撒冷求学。不久之后，犹太商人染上了重病，他知道自己很快将离开人世，来不及见上唯一的儿子最后一面，又担心财产被别人侵吞，于是早早地留下遗嘱："家中所有的财产都给我的奴隶，但是财产中如果有一件是儿子想要的东西，可以让给儿子。不过有个条件，只能是一件。"

不久，犹太商人病死了，获得遗产的奴隶非常高兴，连夜赶往耶路撒冷向犹太商人的儿子报丧，并将带在身上的遗嘱拿给他看。

儿子办完丧事，心中不解父亲为什么不把遗产留给他，于是去见一位智者，希望弄清原因。智者告诉他，他的父亲十分精明，而且非常爱他，为他留下了一笔可观的财产，这从遗嘱中就可以看出来。然而儿子仔细翻看遗嘱，却仍然不明白，他希望智者能告诉他这是为什么。

无奈之下，智者只好详细解释道："依据犹太律法，奴隶的财产全部属于他的主人。你父亲在遗嘱中说，给你留下了一件财产，现在你只需要选择那个奴隶就好了。"

年轻人明白了父亲的用意，后来选择了那个奴隶。

这位犹太商人在遗嘱中给了奴隶全部的财产，让奴隶放心地通告儿子，可是遗嘱中"但是"之后的内容，使得奴隶的一切权利皆落空了。犹太商人巧妙地利用了法律，既严格履约，又避免了合同中损及本人利益的条款。

人应该尊重法律，依法行事但也要懂得灵活变通。犹太人是最守法的商人典范，也是灵活变通的杰出代表。

从法律中去寻找自己利益的支撑点，这方面的杰出代表莫过于石油家族洛克菲勒财团。

在激烈的石油贸易竞争中，洛克菲勒希望垄断美国石油市场，为此，他需设法击败泰特华德油管公司，抢占输油管路。但泰特华德油管公司抢铺好了一条直达安大略湖滨的威汤油库的油管，并经过巴容县境内。洛克菲勒也想铺一条并行的油管，但此油管需要穿过巴容县，这儿原是泰特华德油管公司的"势力范围"，而且县议会还准备通过议案，声明除了"已经铺设好的油管"外，不许其他油管路经此县境内。

一天，洛克菲勒突生一个妙计，他于一个漆黑的夜晚，召集工人潜入巴容县东北角，手拿铁掀、铁镐掘沟，随后在沟内铺上油管，一夜之间一条输油管线便铺成了。

第二天，当人们发现美孚石油公司在巴容县境内铺设好了油管后，县当局拟定控告洛克菲勒。洛克菲勒旋即召开记者会，他宣称"县议会的议案规定，除了已经铺设好的油管之外，不准其他油管过境，现在请记者们到现场验证，美孚石油公司是否已经铺好油管"。由于县议会的议案不周密，被洛克菲勒钻了"空子"，无奈之下，他们也只好认了。

善用法律，巧于守法，能在不改变法律形式的前提下，使法律为我所用，或者以法律为"盾牌"来有力地保护自己，这是犹太商人守法智慧的最高境界。

小心驶得万年船，尤其是在竞争激烈的商海里。商人之间利益很重要。商场中没有一成不变的利益，怎样才可以保证自己的利益不受到损害呢？那就是不要轻易相信合约或合同，哪怕合约已经让律师看过了，让公证处公证了，都不要轻易相信。而合约以外的、涉及利益冲突的任何口头承诺与解释都必须当它是"空气"，在对方兑现承诺之前都不要放松警惕，不论对方是谁，双方都要签订协议，留下公证。这样即使在以后遇到什么事情，都可以留有证据，把事情讲清楚。

亨利是做小买卖的商贩，给各个餐厅送蔬菜。由于亨利做生意一直很实在，所以跟他订购蔬菜的人很多，他的生意也越做越大。雪利是一个餐厅的老板，经朋友介绍认识了亨利，看过了亨利的蔬菜之后，对价钱和质量都很满意，便想和亨利签一年的合同，让亨利按时把蔬菜送到他的餐厅。亨利接到新订单很开心，可是拿到合同之后，看到合同里面没有写雪利应该付多少钱，亨利觉得不妥，可雪利说："你是朋友介绍给我的，相信我吧！你送菜，我们一月一结账，蔬菜价格不管市场上是涨是降每月都付你一万美元可以吧。这就不用写到合同里面了，要不我们还要重新起草合同，比较浪费时间。"亨利觉得是朋友介绍的合作方应该不会有什么问题，就拿着合同走了。

亨利一直按照合同的要求送菜，但是到了六月底亨利去结算时，雪利说："现在菜价不断地降，我不能再给你一万美元了，我们应该根据实际的菜价来算。"亨利听了之后觉得头发蒙，就问："你在开玩笑吗？当时签合同的时候说好的，菜价不管涨降都给一万美元。菜价高的时候，我也没有多收你的钱。"雪利说："你把合同拿来我看看，合同上要是写了这个条款，我就照旧付给你一万美元。"亨利说："合同上面没有写。当时你说我们是朋友介绍的，彼此之间都会守信，所以我也就没有让你在合同上写明这一条。"雪利说:"亲兄弟明算账,合同上面没有写的事就不能兑现。"

亨利为了这件事情找朋友帮忙,可朋友也说,合同上面没有写的条款不能兑现合情合理,自己也无能为力。亨利叫苦不迭,半年下来,自己白辛苦不说,不但没有挣钱还赔了不少,可是自己是有苦无处诉,毕竟雪利没有违约。

亨利是个踏实的生意人,但由于他过于相信别人,根本没有重视合同的法律效应,所以最后只能自吞苦果。

商界各色人等鱼龙混杂,有些商人利欲熏心,没有经商的道德底线,只要能够赚到钱就不择手段。有些人在利益面前,忘记了自己的原则,置法纪、道德、良心、友谊、情感于不顾,甚至干出见利忘义的事来。因此,在经商时一定要一切以合约为准,灵活变通。

有利必争，有险敢冒

《塔木德》中说："在生意场上，一切都是商品，而商品则只有一个属性，那就是增值、生钱，除了犯法的事不能干，违背合同的事不能干，其他的一切都应该服从这个最高目标。"

犹太人总是教育自己的孩子，如果能赚到的钱不去赚，那简直就是犯罪，会遭到上帝的惩罚。

犹太人爱钱，他们从来不隐藏自己爱钱的天性。他们从小就知道，只要是认为可以赚的钱，就一定要去赚。以正当途径赚钱无可厚非，赚到钱才算聪明，这是犹太人经商智慧的高明之处。

牛仔裤创始人列维·施特劳斯，因家境不好，便跟随别人从德国到美国西部淘金，希望能借此发财。到了旧金山后，经过几个星期的淘金生活，他发现那里人山人海，淘金者中确实有人赚到了一些钱。但他想，每日从早到晚淘挖不止，一个月也只不过获得几十美元。而如果在矿场上做生意，供应给千千万万的矿工生活必需品，每 100 美元的营业额就能赚得 20 美元，每天做 100 美元的生意，一个月就可以赚 600 美元。何况那么多的矿工在这里工作，每天何止做100美元的生意呢？

于是，列维决定不干淘金的活了，而是开始卖凉水及一些小百货。果然不出所料，列维第一个月的营业额就达5000美元，利润超过1000美元，比一名淘金者多赚了几十倍的钱。之后，他发明了牛仔服装，经营品种不断增多，赚的钱就更多了。

犹太人爱钱，却不会不择手段地赚钱，他们之中的大部分人遵守合理合法公平赚钱的规则。他们不会与任何一次赚钱的机会失之交臂。只要是合法的、合理的生意，哪怕需要冒一点风险，他们也愿意去尝试。

有位年轻人乘火车外出经商，火车行驶在一片荒无人烟的山野之中，人们一个个百无聊赖地望着窗外。前面有一个拐弯处，火车减速，一座简陋的平房缓缓地进入了人们的视野。就在这时，几乎所有的乘客睁大眼睛"欣赏"起寂寞旅途中这道特别的风景，有不少乘客开始议论起这座房子来。

返途时，年轻人灵机一动，中途下了车，不辞劳苦地找到了那座房子。房子的主人告诉他："每天火车都要从房前驶过，噪声实在让人受不了，本想卖掉房子，然而房屋的造价不菲，又不能以太低的价格出售，因而很多年来一直无人问津。"在仔细权衡之后，年轻人做了一个大胆的决定——用自己仅有的3万元买下了那座平房。他觉得这座房子正好在拐弯处，火车经过这里时都会减速，疲惫的乘客一看到这座房子就会精神一振，用来做广告再好不过了。很快，他开始和一些大公司联系，推荐房屋正面这道极好的"广告墙"。后来，可口可乐公司看中了这座房子，在 3 年租期内，年轻人就收获了 18 万元的租金。

世上各行各业，没有无风险的，但只要有利可图，就要把握住机会。

有个年轻人，原是一文不名的农家子弟。但是，在 26 岁时，他便成为了高级工程师、副教授；在短短 7 年时间里，他将镍镉电池产销量做到了全球第一、镍氢电池排名第二、锂电池排名第三；37 岁时，他便成为了饮誉全球的"电池大王"，坐拥 338 亿美元的财富；2003 年，他斥巨资进军汽车行业，发誓要成为"汽车大王"……他就是比亚迪股份有限公司董事局主席兼总裁王传福。

1966 年的一天，王传福出生在安徽无为县一户再寻常不过的农民家庭，在父母的关爱下度过了无忧无虑的童年。然而，在他读初中时家里发生的变故，让他的心灵受到了创伤，他从此变得沉默寡言。为了忘掉痛苦，年纪尚小的王传福便一心苦读书，形成了坚强忍耐的性格。他坚信，没有比脚更高的山，没有比脚更远的路；他坚信，只要灵魂不屈，就一定能打拼出一个属于自己的"王国"。

1987 年 7 月，21 岁的王传福从中南工业大学冶金物理化学系毕业，进入北京有色金属研究院。在研究院工作期间，他更加刻苦，把全部精力投入到电池研究中去。常言道：有志者，事竟成。仅仅过了 5 年的时间，26 岁的王传福就被破格委以研究院 301 室副主任的重任，成为当时全国最年轻的副处级干部。而更让他意想不到的是，一个促使他从专家向企业家转变的机遇从天而降。1993 年，研究院在深圳成立比格电池有限公司，由于和王传福的研究领域密切相关，王传福便顺理成章地成为公司的总经理。在有了一定的企业经营和电池生产的实际经验后，王传福发现，作为自己研究领域之一的电池行业里，要花 2 万～3 万元才能买到一部"大哥大"，国内电池产业随着移动电话的"井喷"方兴未艾。作为这方面的专家，眼光敏锐的王传福心动眼热，他相信，技术不是什么问题，只要能够上规模，就能干出一番事业。于是，他做了一个大胆的决定——脱离比格电池有限公司单干。脱离具有强大背景的比格电池有限公司，辞去已有的总经理职务，这在一般人看来太冒险了。但王传福坚信："最灿烂的风景总在悬崖峭壁，富贵总在险境中凸显。"1995 年 2 月，王传福向做投资管理的表哥借了 250 万元，注册成立了比亚迪科技有限公司，领着 20 多个人在深圳莲塘的旧车间里"扬帆起航"了。而这一次的冒险成就了今日的"电池大王"。

在这个世界上，有利必争就是赚钱的原则；适当的冒险是挣大钱的必经之路，千万不要为了害怕承担风险而变成"胆小鬼"。一旦决定要做某件事，就一定要充满自信地做下去。

有个小工厂主，一生为追求金钱而奔波。公司利润在他的带领下，每年以几何倍数增长，经济效益出奇地好。但是他落下了一个非常不好的骂名，人们都说他爱财如命，说他为了金钱可以不择手段，甚至有人公开宣称他是一个"赚钱的工具"。尽管很少有人理解他，但他没有后悔，他知道，自己所做的一切都是在尽一个商人的本分。商人的天职就是赚钱，没有任何迟疑地赚钱。否则，自己就愧对"商人"这个称号。

临死前，工厂主把儿子叫到自己床边，摸摸他的头说："在所有人的眼里，我只是一个会赚钱的工具，但是他们不知道我内心的充实。人的一生可以有很多方式度过，在这短短的几十年里，如何把自己的生活填充得更加饱满，需要我们有明确的努力目标并坚强地为之拼搏奋斗。经过这么多年，我已经深深爱上了经商这份工作。其实，这也是一种生活，看着金钱越来越多，我充满了成就感，而为之付出的努力则让我的生活更加充实，这其中的酸甜苦辣都是生活的佐料，我喜欢它。经商赚钱是我们犹太人天经地义的事。我为自己的一生感到骄傲，丝毫不曾后悔过。"

工厂主的儿子和站在床前的亲友们都受到了极大的震撼。这不仅是一个临终老人的遗言，更是一位犹太商人内心对生命的感悟。

犹太人常对自己的孩子说："商场如战场。"在战场上，从来都是以成败论英雄，而在商场这个特殊的"战场"，成败的关键就在于能否把对手的钱变成自己的钱，把大众的钱变成自己的钱，该获取的利润绝不放手。犹太人认为，商人追逐利益，这是没有任何错的。赚钱是一个商人的天职，就像一个将军带领军队打仗，其目的就是要赢得战争一样。所以，如果商人不把赚钱放在第一位，就是不称职的商人。因此，作为一名商人，在商场中就要做到：有利必争，有险敢冒。

不为欲望所驱，不做违法之事

虽然犹太人非常看重金钱，但他们绝不会做违法的生意，他们会在法律的约束之内尽可能多地赚钱，这是他们的聪明之处。

《塔木德》中有这样一则故事：

有两个人都想买某一块地。第一个人先就这块地谈好了价格，可第二个人跑来后，二话不说就买了下来。

有一天，有人来见第二个人，对他说："有人想买糖果，来到糖果店，看见已经有人在验看糖果的质量，但后到的人却抢先把糖果买了下来，这样的人，你认为如何？"他回答说："当然第二个人是坏人了。"于是，那人就告诉他说："你新近买下的土地，就相当于后到者买下的糖果。事先已经有人报出了价格，正在交涉之中，你怎么可以先买下来呢？"事情最后是怎样解决的呢？第二个人认为把新买下的东西立刻卖出去，有些不吉利，但要是送给第一个人，他又不舍得，于是，就把那块地捐赠给了一所学校。

欲望是人本能的一种释放形式，它构成了人类行为最内在与最基本的要素。欲望是人改造世界、改造自己的动力，也是人类进化、社会发展与历史进步的动力。

但欲望的过度释放会形成破坏的力量。叔本华说过："欲望过于剧烈和强烈，就不再仅仅是对自己存在的肯定，相反会进而否定或取消别人的生存。欲望不是纯粹的、绝对的东西，它需要理智的调控与节制，它也绝不可能是文明发展的唯一动力。"法国杰出的启蒙哲学家卢梭认为，人们物欲太盛，他说："10岁时被糖果、20岁被恋人、30岁被快乐、40岁被野心、50岁被贪婪所俘虏。人到什么时候才能只追求睿智呢？"可见，人心不能清净是因为物欲太盛而导致的。

法国著名的自然主义小说《金钱》讲述了这样一个故事：

萨加尔在地产投机事业中破产，在金融界潦倒失势。但是，他没有在厄运面前低头，而是发誓要重新登上黄金王国的宝座。在他住所的楼上，住着正直的工程师哈麦冷和他的妹妹嘉乐林夫人。他们曾在中东各国居住多年，哈麦冷制订了很多庞大的开发计划，回国后却苦于找不到愿意承揽的公司和筹集不到相应的资本，只好将这些计划束之高阁。萨加尔被哈麦冷的计划所吸引，决定去实现它们。于是，他假借自己的哥哥——第二帝国的大臣卢贡的名义，联合了几个投机家，创立了一个股份银行，取名"世界银行"，把中东的所有开发工作交给哈麦冷去处理，萨加尔担任银行经理，镇守巴黎，从事纯粹的股票投机生意。

　　起初，萨加尔按捺着急于求成的焦躁心情，谨慎行事，在交易所博得了信用，世界银行的股票稳步升值。他以此吸引了一大批怀着发财梦的人，他们拿出积攒多年的收入、女儿的嫁妆，甚至全部积蓄，购买世界银行的股票。萨加尔为了战胜他在金融界的头号劲敌——犹太银行大王甘德曼，采取了一切合法的或非法的、公开的或暗地的、冠冕堂皇的或卑鄙无耻的手段，以抬高股票行情。不到 3 年，500 法郎一股的世界银行股票就升值为 3000 法郎一股。

　　萨加尔由受人冷落的破产者变成了不可一世的富翁，但在这金钱的洪流中，他开始无度贪婪地满足着自己的欲望。他无所顾忌，连续两次扩张银行资本。

　　但实际上，世界银行的股份从来没有获得完全合法的认购，股款也没有全部缴纳，世界银行是在自己的股份上买空卖空，而甘德曼则实力雄厚，不易被击垮。

　　最后，萨加尔在银行库存空虚的情况下孤注一掷，想把本行的股票全部买进，最后导致股票贬值到每股 50 法郎，宣告破产。萨加尔被捕入狱，他的很多追随者们也走上了破产、逃亡、自杀的绝路，而甘德曼则一口"吞噬"了世界银行积聚起来的巨额财富。

　　金钱能够让人实现很多愿望，但人一旦钻到"钱眼"里，金钱就会束缚人的自由。金钱的诱惑似乎与拥有它的数目成正比：拥有得越多，想要的也越多。正如亚里士多德所描写的那些富人一样："他们生活的整个想法，是他们应该不断增加他们的金钱，或者无论如何不损失金钱。"亚里士多德说："一个美好生活必不可缺的是财富数目，财富数目是没有限制的。"但他警告人们："一旦你进入物质财富领域，很容易迷失你的方向。"

《塔木德》认为，欲望好像野草，农田里只要留有空地它就能生根滋长，繁殖下去。只要你心里有欲望，它就会生根繁殖。欲望是无穷无尽的，但你能得到满足的却微乎其微。所以，一定不要做欲望的奴隶，为欲望所驱使。同时，《塔木德》中又说："人性间潜伏着欲望的根源。不过只要遵守法律，信守承诺，就能有效地遏止恶性事件发生。"

所以，在追逐利益时，在与他人交往的过程中，如果对他人做出承诺，一定要守信。不守承诺会为你带来十分不好的影响。因此，在向他人做出承诺之前，不妨先问一下自己："我做了这样的承诺，以后我能将其兑现吗？"如果答案是否定的，就不要做出这样的承诺。或许你的承诺对于他人而言是一根"救命稻草"，可以让他人在一瞬间得到解脱，但如果这样的承诺只是"空中楼阁"，那么最后给他人带来的损失则更难以估量。同时，因为承诺无法兑现，你自己的心灵也会受到煎熬。

因此，凡事都要量力而行，如果不能确定自己可以信守承诺，就不要轻易许诺。一旦你已经许诺了，即便损失自己的利益，也要信守诺言。一个人若不守信用，便会失去他人的信任；而当你处于困境中时，很可能会因为你之前的不守承诺，而没有人愿意出手相助。所以，失信于人者，一旦遇到难处，很难获得援手。

墨西哥总统福克斯以其诚实守信的品德受到国人的尊重，正是这样的品德，使他从一个普通的商人成为一个国家的总统。

有一次，福克斯受邀到一所大学演讲，一个学生问他："政坛历来充满欺诈，你在从政的经历中有没有撒过谎？"福克斯说："从来没有。"大学生们在下面窃窃私语，有的还轻声笑出来——因为每一个政客都会这样说，他们总是发誓，说自己从来没有撒过谎。

福克斯并不气恼，他对大学生们说："孩子们，在这个社会上，也许我很难证明自己是个诚实的人，但是你们应该相信，这个世界上还有诚实，它永远都在我们的周围。"

在日常生活中，你对别人承诺过什么事情吗？如果承诺了就一定要做到。因为承诺意味着责任，意味着对别人、对自己负责。承诺是一件严肃的事情，它不是"空头支票"，不能只停留在口头上，而要落实到实际的行动中。

兑现承诺、说话算数，言必信、行必果，是做人的基本准则，也是做人的一种美德。在我们与人交往的过程中，人们更喜欢会去兑现承诺的人——即使那可能会让你失去很多东西，会让你承受巨大的压力，但是当所有这些都过去之后，当他人了解到你的承诺已经兑现后，你就会受到他人的重视，就会被他人所尊重。

犹太人在与别人做生意时，一般会显得对人不太信任，因为对方是否守约，他们还未可知。而当他们与不守约的人打交道时，他们根本不会相信所签订的契约。所以，要博得犹太人的信任，第一件事便是遵守契约，否则便是白费心机，因为犹太人绝不会信任一个不守信用的人。

第四章

凭低调做人和踏实做事

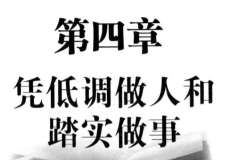

未学经商，先懂做人

如何开启饱和市场的另一扇窗户，如何打造属于你的商业帝国，如何凸显你的商业成就，如何拓宽你的人脉，如何增大你的经商筹码？这一切的一切都需要学会一件非常重要的事情——懂得做人。

在商场上，每个人都免不了要与人打交道，也会面对形形色色、素质不一的人。有的人看重蝇头小利，对利益斤斤计较；有的人与同行竞争时，对其恶意贬低；有的人唯利是图，趋炎附势。这样的人是很难经营好生意或把生意做长久的。学会做人是经商成功的关键和长久之计。一位犹太精英曾说："一流的企业家做人不做事，二流的企业家做人又做事，三流的企业家不做人只做事。"

一个人不管有多聪明、多能干，如果不懂得做人的学问，那么他经商的最终结局肯定会是失败。要想成功经商就要先学会做人。有人说经商是一门做人的学问，这一点没有说错。很多人在商海里浮沉而不得其果，有很大一部分原因就是他们不会做人。

　　一个风雨交加的夜晚，一对老夫妇走进一间旅馆的大厅，想要住宿一晚。无奈饭店的值班服务生说："十分抱歉，今天的房间已经被早上来开会的团体订满了。但你们可以待在我的房间。它虽然不是豪华的套房，但还是蛮干净的，我今天值班，我可以待在办公室里休息。"这位年轻人很诚恳地提出这个建议。老夫妇大方地接受了他的建议，并对因此造成服务生的不便致歉。第二天雨过天晴，老先生到前台结账时，站在柜台的仍是昨晚的那个服务生，服务生依然亲切地表示："昨天您住的房间并不是旅馆的客房，所以我们不会收您的钱。您与夫人昨晚睡得还安稳吗？"老先生点头称赞道："你是每个旅馆老板梦寐以求的员工，或许改天我可以帮你盖栋旅馆。"

　　几年后，这个服务生收到一位先生寄来的挂号信，信中说了那个暴风雨的夜晚所发生的事，还附了一张邀请函和一张到纽约的往返机票，邀请他到纽约一游。

　　在抵达曼哈顿几天后，这个服务生与老先生来到了第5街及34街的路口，这个路口正矗立着一栋宏伟的新大楼。老先生说："这是我为你盖的旅馆，希望你来为我经营，可以吗？"这个服务生惊讶万分，突然变得结结巴巴："您是不是有什么条件？您为什么选择我呢？您到底是谁？""我叫威廉·阿斯特，我没有任何条件，因为你是我梦寐以求的员工。"老先生笑着说。如今这个旅馆已成为纽约最知名的华尔道夫饭店，这家饭店在

1931 年启用，是纽约极致尊荣的地位象征，也是各国的高层政要造访纽约下榻的首选。当时的那个服务生就是乔治·波特，一位奠定华尔道夫世纪地位的经营者。

经商的人一般有两类，一类人一心只想挣大钱发大财，而另一类人则把经商当成是自己的事业来做。如果经商只是想发财，就特别容易被人骗或者去骗人，这样经商的结果一般是悲惨的。只有学会恪守道德，不做违法之事，不唯利是图，才能得到别人的认可，才会拥有自己的事业。所以，未学经商，要先懂做人。

向优秀的人学习

《塔木德》中说："要想变得富有，就必须向富人学习。在富人堆里即使站上一会儿，也会闻到富人的气息。" 一个人将来是否可以拥有财富取决于他的思维方式。

犹太人独特的经商思维中，很重要的一条就是要向富人看齐。他们明白，要想成为富人，就要学习富人的思维方式和经商理念。犹太人认为，再穷，也要站在富人堆里。因为只有站在富人堆里，吸取他们的致富经验，多了解他们的思想，看看他们是怎么做的，才能真正实现致富的目标。

以富为荣，向富人看齐，是犹太人的交往原则之一，因为他们相信这能够帮助一个人实现其财富梦想。

美国某大银行的董事长原是出身于一个贫困家庭的犹太少年。大学时，他看到一本杂志上介绍了一些大实业家的故事，他很想知道这些大实业家是如何发家的，希望他们能给自己带来一些新思路和经验。于是，有一天他跑到了纽约著名的威廉·B.亚斯达的事务所。他对亚斯达说："我很佩服您的创业精神，我想知道我怎样才能赚到 100 万美元。"亚斯达非常欣赏这个小伙子的胆量和雄心，微笑着与他谈了一个多小时，告诉了他许多好的经验，还向他介绍了几个实业家。

这个小伙子按照亚斯达的话，又请教了许多一流的商人、总编辑、银行家等，通过向这些成功人士请教，他得到了很多知识、经验以及成功者的思维方式。于是，他开始仿效富人的做法去努力创业。仅仅过了两年，这个小伙子刚满 20 岁的时候，就已经在金融界崭露头角了，不到 5 年，他就如愿以偿地拥有了百万美元的财富，最终成为一家大银行的董事长。

犹太人认为，要想富有，就必须多与富人交往，多向富人学习，学习他们的经验。《塔木德》中有这样一句话："和狼生活在一起，你只能学会嚎叫，和那些优秀的人接触，你就会受到良好的影响，耳濡目染，潜移默化，从而成为一名优秀的人。"这句话告诉我们，如果你想成为优秀的人，就要多和优秀的人接触，多向优秀的人请教、学习。这样做就可以少走很多弯路，终有所得。

对此，犹太人说："如果你经常接触富人，就有机会成为富人。因为你将学习到富人的思维方式、独特的经商理念，并向他们靠拢，你会得到很多启示和发财的机会。"

犹太人特奥的母亲去世后给他和他的哥哥卡尔留下了一间简陋的零售店。他们靠着微薄的收入度日，生活十分艰苦。兄弟俩不甘心过这种穷困的生活，一心想致富。随后，他们把店面迁到了店铺繁多的商业街。

一天，卡尔问特奥："为什么经营同样的商店，有的人赚钱，有的人赔钱呢？"特奥回答说："我觉得是经营方法有问题，如果经营得好，小本生意也可以赚钱。"可是什么样的经营方式才能赚到钱呢？兄弟俩决定到大街小巷去看看。有一天，他们来到一家消费品商店，这家店顾客盈门、生意红火。这引起了兄弟二人的注意，他们走到商店的旁边，看到门外有一张醒目的红色告示："凡来本店购物的顾客，请把发票保存起来，到年终可凭发票免费换取发票款额3%的商品。"他们把这份告示看了几遍后，终于明白这家店铺生意兴隆的原因了。原来正是那年终3％的免费购物吸引了顾客。

后来，兄弟俩还通过与一些富商们的交往发现他们的经营方式各有妙招，于是决定想办法打开销路。他们不仅借鉴了商品让利的做法，还提出了现款交易也可以让利，加上"全市最低价"的宣传攻势，他们的店铺很快就门庭若市，生意火爆。

兄弟俩借此机会，开了十几家连锁店，在各大商业区都有分店。此后，凭借不断学习同行成功商店的经营方法，他们的生意越做越大，兄弟俩的财富梦想也最终得以实现。

犹太人之所以成为最会赚钱的商人，原因之一就是他们善于从先致富的人那里学习致富经验，学习富人的思考方式，与富人交往，从而获得更多的致富机会。因此，向富人看齐，学习富人的致富经验，能为自己的财富之路打下基础。

责任第一，对自己的行为负责

很多犹太商人在自己并不喜欢的领域里也取得了辉煌的业绩，这是为什么呢？因为犹太人除了聪颖和勤奋之外，也十分重视责任和担当。

我们先来看一个故事：

美国经济学家葛尔布莱一天回到家后感觉疲惫不堪，他想睡一个好觉，于是特意吩咐女管家，无论谁来电话，都不要打搅他。但是当他刚刚入睡，约翰逊总统就来电找他。女管家和气、委婉地向总统解释道："葛尔布莱先生刚从国外讲学回来，很疲劳，刚刚入睡。请您原谅，总统先生，我暂时不能叫醒他。"约翰逊总统很恼火，说有要紧的问题要同葛尔布莱商量，执意要管家叫醒他。女管家耐心地解释说："不，总统先生，他身体有些不适，方才特意嘱咐过我，他不接任何人的电话。我现在为他工作，为他负责，而不是替您工作。请您放心，待他醒来之后，我一定将您打来电话的事情及时转告给他。何况只有在他休息好之后，才能精力充沛地同您讨论问题，您说对吗，总统先生？"

女管家的话有理有据，约翰逊总统心服口服，只好放下了电话。葛尔布莱醒来之后，立刻去见总统，并表示出深深的歉意。没想到约翰逊总统不但丝毫没有责怪之意，反而对女管家大加赞赏，并建议说："请转告你的女管家，如果她愿意，我想请她到白宫工作，这里需要像她那样的人。"

女管家本着对工作负责的态度，尽管惹得总统当时不快，但却最终赢得了总统的赞赏与尊重。

几年前，美国著名心理学博士艾尔森对世界各个领域的100名杰出人士做了一次问卷调查，结果让他十分惊讶——其中61名杰出人士承认，他们所从事的职业，并不是他们内心最喜欢的，至少不是他们心目中最理想的。

带着这样的疑问，艾尔森博士又走访了多位商界英才。其中纽约证券公司贝尔的经历，为他寻找到满意的答案提供了有益的启示。

贝尔出身于一个音乐世家，他从小就受到了很好的音乐启蒙教育，非常喜欢音乐，希望自己能够成为一名音乐家，但他却阴差阳错地考进了大学的管理系。一向认真的他，尽管不喜欢这一专业，可还是学得格外刻苦，各科成绩均很优异。毕业时，他被保送到美国麻省理工学院，攻读工商管理硕士学位，后来，他又以优异的成绩拿到了经济管理专业的博士学位。

如今，贝尔已是美国证券领域的风云人物，在接受艾尔森的调查时他依然心存遗憾地说："老实说，至今为止，我仍不喜欢自己所从事的工作。如果能够让我重新选择，我会毫不犹豫地选择音乐。但我知道那只能是一个美好的愿望了，我只能把手头的工作做好……"

艾尔森博士直截了当地问贝尔："既然你不喜欢你的专业，为什么你学得那么棒？既然你不喜欢眼下的工作，为什么你又做得这么优秀？"

贝尔的眼里闪着自信，十分明确地回答："因为我在那个位置上，那里有我应尽的职责，我必须认真对待。不管喜不喜欢，那都是我自己必须面对的，没有理由草草应付，必须尽心尽力，尽职尽责，这不仅是对工作负责，也是对自己负责。"

艾尔森在之后的继续走访中发现，许多成功人士之所以能够出类拔萃，都有一个共同点，那就是有责任心。

因为种种原因，我们常常进入自己并不十分喜欢的领域，从事并不十分理想的工作，可一时又无法改变。这时，任何的抱怨、消极、懈怠，都是不可取的。唯有把这份工作当作一种不可推卸的责任担在肩头，全身心地投入其中，才是正确、明智的选择。因为"在其位，谋其政，尽其责，成其事"的高度责任感，会使人兢兢业业地工作。

如今，责任意识的缺乏已经成为一个严重的问题。一个人要想走好人生之路，就是要对自己的行为负责，勇于承担自己肩负的责任，不要推卸责任。

　　犹太人从小就被教育做事一定要负责任。只有对自己的行为负责任的人，才能够更好地对他人、对企业负责，才能成为一个有担当的人，而这种担当也正是商人所需要的。

　　格里出身于犹太家庭，8岁上了小学。有一天，没有等到晚上放学，他就哭着回了家，送他回来的是学校里的一个叔叔。

　　格里的母亲萨利特斯问学校里的叔叔，这到底是怎么一回事。那个叔叔说："放学前小朋友们排队，可格里不好好站队，总是窜来窜去，结果就和一个同学起了冲突。老师批评了格里几句，他就开始哇哇地哭个不停，还跟老师嚷嚷。"

　　"我没错！我没有打他！"格里抢着说。

　　母亲萨利特斯向那个叔叔道了谢，然后拉着格里进了门。

　　"怎么回事？"萨利特斯看着两眼红红的格里问道。

　　"我不小心和马克撞了一下，结果马克就使劲地推我，我踢了他一脚，马克哭了，老师就说我了。"格里脸上挂着两行泪珠，补充说："是他先推我的！"

　　听到这里，母亲萨利特斯基本上把事情的来龙去脉弄清楚了，她语气平和地问格里："难道你一点责任都没有吗？"

　　"没有！不是我的错！是马克先推我的！"

　　"好，现在我问你，如果你好好按照老师的要求排队，不乱跑，你能撞到别人吗？你没有撞到马克，马克会推你吗？"格里默不作声了。

"现在你再仔细想想，你一点责任都没有吗？你是男子汉，要记住，不要把责任都推到别人身上。遇事要仔细想一想，为什么别人会这样对你，你是不是做了什么不对的事情。"

最后，萨利特斯对儿子格里说了一句话："你得学会对自己的行为负责！"格里用力地点了点头。

为人处世，就要对自己的行为承担责任，多进行自我反省，这样才能规范自己的行为，才能有所进步。人的一生不可能一帆风顺，总会出现这样或那样的问题。不同的是，有的人遇到问题后迅速退缩，有的人却把不断进取当作人生的责任，不达目的誓不罢休。所以，一个能对自己负责的人，在遇到问题时，会坦然面对，用从容的心态去解决问题；相反，一个不能对自己负责的人，无论遇到什么样的问题，都会觉得是命运亏欠了他，抱怨世道不公平。

14世纪时，一位战无不胜的将军被强大的敌人打得溃不成军，被迫躲进一个废弃的马槽里以躲避敌人的搜捕。在他万般失落时，他看到一只蚂蚁正努力地扛着一粒玉米，试图爬上垂直的"墙"。将军的目光和心思全被它吸引住了。那粒玉米的重量不知是蚂蚁体重的多少倍，也许不亚于人去托起一头大象吧。第一次，玉米粒被蚂蚁稍稍顶起，但很快又掉下来。蚂蚁似乎连一丝犹豫也没有，接着就开始了再一次的努力。将军屏气凝神地注视着这一切。两次、三次、四次……每次玉米粒都被蚂蚁顶起来，最后却又掉了下来。当这位将军数到第 99 次时，将军想：蚂蚁不可能成功了，99 次的失败就是证明。就在这时，奇迹出现了，在第 100 次的时候蚂蚁终于把那粒玉米推过了"墙头"。将军被感动了，他大叫一声跳了起来。

从这只蚂蚁的身上，将军找回了失去的信心。即使失败 99 次，只要有一次成功了，就可以享受到成功的喜悦。后来，将军鼓舞士气，重整旗鼓，把敌人打得落花流水。这位将军就是 14 世纪蒙古皇帝莫卧儿。

无论什么时间、什么地点、做什么事情，我们都要对自己负责任。如果你真的害怕失败，或者在经历了一次或几次失败后就一蹶不振，那么你终将一事无成。

人生就是这样，只有不断地经受磨难，人才能变得更加坚强。人从失败中学到的东西，远远比从成功的经验中学到的东西要多得多。

刘墉说过一句话："人生就如一杯茶，不能苦一辈子，但总要苦一阵子。"一个人的命运掌握在自己的手中，只有对自己负责的人才能够成为一个有担当的人，也才能够把生意做大做强。

勇往直前，不半途而废

犹太商人作为世界商人的典范，他们的成功其实也可以说是智慧和汗水的结晶，其中没有丝毫的侥幸存在。那些富商巨贾大多是从小生意做起，在克服了一个个困难之后，最后才收获了事业上的成功的。

陈先生到广州打工，辛苦几年攒了些钱，就和朋友一起投资成立了一个科技公司。没想到，科技公司没过多久就垮了。陈先生也将打工几年辛苦攒下的钱全都给赔光了。身无分文、交不起房租还要为一日三餐犯愁的陈先生大受打击。一天夜里，他辗转反侧，怎么也睡不着，就坐起来拿烟抽，不想烟盒里掉出一张名片，那是一个客户给的名片，印刷得很漂亮，他当时舍不得扔掉就保存了起来。当这张名片掉出来的时候，陈先生眼睛不由一亮：为什么不做名片呢？广州有这么多公司，很多人有用名片的需求，而且制作名片投入低，起点也低，只要有信誉，做出特色，同样可以赚钱。于是陈先生注册了自己的公司，开始寻找客户。他的价格比别人公道，最关键的是他向来店做名片的人承诺，货到付款，质量不满意可以拒绝收货。他一天天东奔西跑，但是却收效甚微，他有过气馁的时候，但他仍坚持着，终于，有个复印店的老板向他订制了许多名片。随后，他又接了好几家复印店的单子，于是他赶紧找印刷厂生产，生产完后再送到客户那里。就这样，由于质量好、价格便宜、信誉有保障，他的生意开始一天天地好起来。在广州的市场慢慢拓展开之后，他又开始以珠三角为中心向全国市场拓展业务。现在，陈先生的公司每天生产来自全国各地的名片将近1万盒，仅广州的名片制作量每天就有3000多盒。陈先生通过努力奋斗东山再起，成为真正的成功者。

在商界，有美好的愿望当然是好事，但是现实中并不总是一帆风顺，只有面对困境时坚定信心，勇敢拼搏，想办法去解决问题，财富才会源源不断地涌来。

1927年，美国阿肯色州的密西西比河大堤被洪水冲垮，一个9岁的黑人小孩的家被冲毁。在洪水即将吞噬他的一刹那，母亲用力把他拉上了堤岸。

1932年，男孩8年级毕业了，因为阿肯色州的中学不招收黑人，他只能到芝加哥读中学，但家里没有那么多钱。那时，母亲做出了一个惊人的决定——让男孩复读一年。为了攒钱让孩子上学，她每天要为整整50名工人洗衣、熨衣、做饭。

1933年夏天，家里凑足了钱，母亲带着男孩踏上火车，奔向陌生的芝加哥。在芝加哥，母亲靠当佣人谋生。男孩以优异的成绩从中学毕业，后来又顺利地读完了大学。

1942年，男孩开始创办一份杂志，但最后一道障碍是缺少500美元的邮费，不能给客户发函。一家信贷公司愿意借钱给他，但有个条件，就是得有一笔财产作抵押。他母亲曾分期付款好长一段时间买了一批新家具，这是她很心爱的东西，但她为了帮助儿子，决定拿家具作抵押。

1943年，那份杂志获得了巨大的成功。

后来的一段日子里，男孩经营的一切仿佛都坠入了谷底，面对巨大的困难，他已经无力回天。他心情忧郁地告诉母亲："妈妈，看来这次我真要失败了。""儿子，"母亲说，"你努力过了吗？""努力过了。"男孩答道。"非常努力了吗？"母亲接着问。"是的，非常努力。"男孩坚定地说。"很好。"母亲果断地结束了谈话，"无论何时，只要你努力，只要不放弃，就不会失败。但是，如果你动摇了自己的信念，只能一败涂地。"后来，男孩渡过了难关，攀上了事业的巅峰。这个男孩就是驰名世界的美国《黑人文摘》杂志的创始人、约翰森出版公司总裁、拥有三家无线电台的约翰·H.约翰森。

一个人成功的关键是什么？犹太商人会十分肯定地说："坚定信念。"为什么呢？因为追求成功需要以信仰为支撑点，这样才能有全力以赴、不断勇往直前的决心。在创造财富的道路上，成功总是属于那些信念坚定的人。创造财富的大忌之一便是轻易地放弃希望而不再去努力。其实，人只要活着，没有什么是不可能的，只要相信自己，勤奋努力，积极地想办法解决问题，成功是早晚的事。

一个人只要有勇气、有信心、有希望，就拥有了最大的财富，因为这些力量能使人产生奋斗的动力，从而创造出有价值的人生。所以，不论何时何地，一定要坚定信念，勇往直前，不半途而废，这样才能改变自己的命运。

挖掘自己的经商潜质

没有什么人一出生就会经商，也没有什么人注定会成为商业大亨。很多人不是缺少经商的资质，而是没有发现自己的经商潜质。那些经商成功的犹太人都是因为发掘了自己的经商潜质，并在商场上加以利用或学习了经商技巧，才取得了成功。

有个人在纽约华尔街附近的一家餐馆打工。一天，他雄心勃勃地对餐馆大厨说："您瞧着吧，我总有一天会打进华尔街的。"大厨好奇地问道："年轻人，你有什么打算吗？"这个人回答："我希望一完成学业，就马上进入一流的跨国企业工作，不但收入丰厚，而且前途无量。"大厨摇摇头说："我不是问你的前途，我是问你将来的工作兴趣和人生兴趣。"这人一时无语，显然不太懂大厨的意思。大厨长叹道："如果经济继续低迷下去，餐馆不景气，那我只好去做银行家了。"

这人惊得目瞪口呆，几乎疑心自己的耳朵出了问题，眼前这个一身油烟味的厨子，怎么会跟银行家沾上边呢？大厨对这个呆若木鸡般的人解释道："我以前就在华尔街的一家银行上班，天天披星戴月，早出晚归，没有半点儿属于自己的业余生活。
我一直都很喜欢烹饪，家人、朋友也都很赞赏我的厨艺，每次
看到他们津津有味地品尝我烧的菜，我都十分高兴。有一天，
我在写字楼里忙到凌晨一点钟才结束工作，当我啃着令人生厌
的汉堡充饥时，我下决心要辞职，摆脱这种机器般的刻板生活，
选择我热爱的烹饪为职业，现在我生活得比以前要快乐百倍。"

经商潜质是很多人具有的潜在能力，当这种能力被挖掘出
来时，你就能够在商场上大展身手了。

那么，如何发掘自己的经商潜能呢？这需要我们做个有心
人，发现隐藏的商机，从而不断挖掘自己的潜质，提高自己的
经商能力。很多犹太商人是通过不断地努力积累经验，才一步
一步走上致富之路的。

美国当代一位最显赫的商人马迪原本是个胆小而内向，没
有什么人生目标的人，他今天还在从事这份工作，明天就可能
跑到另外一个地方了，生活毫无规划。

有一天，马迪碰巧听了一场有关"让你的心灵专注于一个
目标"的演讲，这场演讲给他留下了十分深刻的印象。于是，
他去找了一家报社的业务经理，请求对方安排他当个业务员，
不用支付薪水，而是按广告费抽取佣金。报社答应了，但是那
时每个人几乎都抱着看笑话的心态看着马迪，大家都认为他一
定会失败。然而马迪却兴致勃勃地开始了他的工作，他拟了一

份名单，列出打算前去拜访的客户类别。在去拜访之前，马迪取出 10 位客户的名单，念了 100 遍，然后对自己说："在本月底之前，他们将向我购买广告版面。"结果到了月底，他和名单上的 9 位客户达成了交易，只剩下 1 位还没有买他的广告版面。

这时，报社的主编已很满意马迪的推销能力，想调任他去推销报纸，这样马迪也会有稳定的收入，然而他却拒绝了。在接下来的一个月里，他并未招揽到任何广告投放业务，因为他除去继续拜访那位坚决不登他广告的客户之外，并未去拜访任何新的客户。每一天早晨，当那位商人说"不"时，马迪都假装没听到，第二天继续前去拜访。

到了那个月的最后一天，对这位努力不懈的年轻人连续说了 30 天"不"的商人说："年轻人，你已经浪费了 30 天的时间来请求我买你的广告版面，我想知道这到底是为什么？"马迪回答说："我并没有浪费我的时间，我等于是在学习，而你一直是我的老师。我一直在训练我的恒心与忍耐力。我相信只要我坚持，只要我不放弃，我就一定可以达到我的目标。"

商人感慨地说道："年轻人，我要向你承认，我也等于是在学习，你让我明白了什么是执着，你让我看到了你专注于自己的目标而不放弃的勇气和毅力。这一切比钱更有价值，为了表示对你的感谢，我要向你订购一个广告版面，当作是我付给你的学费。"最终，马迪完成了他定下的 10 位客户的目标，揭开了他成功之路的序幕。

　　犹太人认为，若想成功，必须激发自己的潜质。生命中的每个阶段，只有不断超越自己，才能拥有强大的竞争力，人需要弥补自己的弱项，也需要将自己的强项发挥出来，凭借自己的能力去竞争，这样才能看到成功的希望！

百折不挠，不为困难所阻

在商界中打拼难免会遇到各种各样的困难，有些人遇到困难就心灰意冷，想要放弃，因此也就不可能在商场上有所成就。与这些人相比，犹太商人在遇到困难时，总会微笑着面对，并用坚韧的毅力去努力战胜困难，因此，他们能够在世界的任何地方站稳脚跟。在美国前 400 名巨富中，犹太人占了三成。正是这种百折不挠的精神，正是在面对磨难时的坚持，才使得犹太商人成为世界上最具影响力的商人。

百折不挠是很多创业成功者具备的素质。经商中会遇到各种各样的困难。有的人在交完货后却没收到货款而只能背负巨债；有的人在遭人陷害误入骗局千金散尽的时候，硬是咬牙坚持，千方百计寻找其他成功的可能，继续向自己的目标前进。看看今天那些事业有成的企业家，哪个不是经历过重重困难之后才成功的呢？

伟大的事业来源于坚忍不拔地工作，伟大的成就源自朝着明确的目标不断努力的决心。虽然通往成功的路上总会有荆棘坎坷，但成功的关键就在于我们能不能百折不挠，能不能坚持到底。

　　林立人是一个不起眼的商人，一个出身于温州小渔村的渔民之子，他14岁涉足商界，四次创业，三次惨败，最终笑傲商海。林立人远赴深圳闯荡15年，曾一贫如洗，露宿街头，也曾腰缠万贯，叱咤商界。14岁时，林立人开办了一个小小的"为民图书馆"，免费向公众开放，那时他刚开始涉足商界。21岁时，林立人靠编织袋赚了很多钱，但也正是这个编织袋生意让他在商界惨败。当时他准备创建浙南编织集团，一家化肥公司在他那里订做了10亿条编织袋，结果货发了，货款却没有追回。处理完债务后的林立人一贫如洗，两手空空地离开深圳。林立人的第二次创业是做房产中介，他在香港注册了"立业房地产开发公司"，在深圳做起了业务。公司一成立，生意异常火爆，一年之后资产就迅速增值到了六七十万元。这时林立人开始不满足了，打算自己去盖楼。而这一盖又把他盖垮了，他再度背上了巨额的债务。之后，林立人开始了他的第三次创业，他发现在家乡炒到十几万元的三轮车牌照，在惠阳根本不值钱。于是他东挪西借又凑足了十几万块钱，从外地买来一百多辆三轮车，打算在惠阳申请牌照，没想到车子还没落地就被没收了，还要缴纳罚款10万元。十几万元的借款加上10万元的罚款，让他又一次陷入一贫如洗、债务缠身的状况中。后来，他在2000年初又开始经营"九九加一"牌数码相机，凭着一诺千金的诚信经营，靠着百折不挠的精神，林立人在网上开店80多家，还把生意做到了美国。

林立人四次创业三次惨败的经历跌宕起伏，但也正是这种人生经历让他变得不再普通。林立人没有因为事业失败而放弃努力。在一次次从腰缠万贯跌落到一贫如洗、债务缠身，又一次次东山再起的大起大落中，他不断寻找商机发展自己的事业。商海浮浮沉沉，林立人最终明确了自己的经营方向，从而在商场上站稳了脚跟。

许多人在顺境时努力奋斗，但一遇到挫折就马上退缩了，其实，危难才能造就真正的强者。创业的众多人中，有人或许没有受过高等教育，有人或许有其他弱点和缺陷，但他们百折不挠的精神却使他们成为最终的赢家。

要做好一件事情，需要有坚韧的勇气和百折不挠的毅力。如果一遇到不顺利的事情就放任颓丧、怀疑、恐惧、失望等情绪控制自己，那么不仅经营多年的事业会受到冲击，更会弄不清自己创业的方向。因而，学会肃清悲观情绪是一门很重要的学问。我们应学会时时把自己的注意力放在自己所确定的目标上，放在实实在在的努力上。这样，我们在困境中才会看到希望。

在困难面前，要有百折不挠的精神，是不放弃追求，不停止努力，即使失败也含笑而起，以更大的决心和勇气继续前进，从而走向成功。

天上不会掉馅饼，
弯下腰才能拾得财富

犹太人有句至理名言："成功者并非比你聪明，只是他们比你努力，比你认真。"努力、认真的人，无疑会有更好的前途，获得更多的财富。

世界上并不缺少获得财富的机会，而是缺少发现机会的眼睛，其实一旦你弯下腰，从小处做起，你就能拾得财富。

美国佛罗里达州有个商人，他注意到家务繁重的母亲们常常为临时急急忙忙上街为婴儿购买纸尿片而烦恼，于是，他灵机一动，想创办一个"打电话送尿片"公司。送货上门本不是什么新鲜事，但送尿片则没有商店愿意做，因为本小利微。为做好这种本小利微的生意，他只能精打细算。这个商人雇用了全美国最廉价的劳动力——在校大学生，让他们使用最廉价的交通工具——自行车，后来他又把送尿片的服务扩展为兼送婴儿药物、玩具和各种婴儿用品、食品，随叫随送，只收15%的服务费。结果，生意越来越兴旺，他不断扩大自己的公司规模，将送尿片这样的小生意做成了大事业。

人们总喜欢将目光放在几百万元、几千万元，甚至上亿元的大资金、大财富上，殊不知，无论多大规模的生意，最终讲求的都是回报，只要收益好、回报高就是好生意。很多人偏偏眼高手低，喜欢做超出自己能力范围的事，结果往往事与愿违，最后甚至血本无归。

卖牙签的利润特别低，卖 100 根牙签只赚 1 分钱。如果一个人每天销售约 1 亿根牙签，可以稳稳当当进账 1 万元。缝衣针也是小生意，平均 1 分钱两枚，但一个小商贩一年卖针也能挣 80 万元。这些小生意都是"大生意人"不屑一顾的，但却能带来可观的收入。财富积累有一个过程，所以不妨从小处着手，现在就俯下身子、丢下"面子"、从小生意开始挣钱。

第二次世界大战后，日本的财阀、财团都被迫解体或改名，连有着悠久历史和良好信誉的三菱银行，也不得不改名为千代田银行。改名后，生意非常冷清。业务部的岛田晋为此苦恼不堪，每天都在想如何吸引顾客来存款。终于有一天，他想出了"一日元存款"的妙招。战后的日本，一日元实在是太少了。在根本没有什么人来存款的情况下，千代田对往来的顾客发出了这样的宣传海报："用手掬一捧水，水会从手指间流走。很想存一些钱，但是在目前这种连糊口都难的日子里是做梦也不敢想的。先生们、女士们，如果你们有这种想法的话，那么请您持一本存款簿吧。它就像是一个水桶，有了它，从手指间流走的零钱就会一滴一滴、一点一点地存起来，您就会在不知不觉中拥有一笔可观的财产了。我们千代田银行即使是一日元也接受存储。有了一本千代田存款簿，您的胸膛就会因充满希望而满足，您的心就能在天空中飘然翱翔。"

海报一贴出来就吸引了大批储户，储户们把平时的零用钱"一滴一滴"地存进了千代田银行这个"大海"里。千代田银行的储蓄额开始猛增，从而度过了艰难的战后时期。千代田也走进了千家万户，成为日本有名的大银行。

上面这个故事告诉我们，小生意也能取得大财富。人不能只盯住大目标，小目标也许能更好更快地实现。再大、再好的财富梦想，不能实现也只是空中楼阁，而攥在手中的一分钱，哪怕再少，也是实实在在地有温度的。天上不会掉馅饼，如果想发展、成就自己的事业、拥有财富，就要弯下腰，踏踏实实地努力做事。

第五章

凭滴水穿石精神

从小生意做起

《塔木德》中说："别想一下就造出大海，必须先由造出小河开始。" 一滴水微不足道，但却是汇成大海的一部分；一分钱微不足道，但把许多个一分钱汇集起来，就能形成不小的财富，对一个人的事业发展产生不可估量的影响。

许多成功的犹太商人很清楚积少成多的道理，他们知道任何大生意都是从小生意开始的。

犹太人哈同，1872 年来到中国上海谋生，当时他 24 岁，年轻力壮，但身上除了衣服外，几乎一无所有。哈同一无资本，二无专业知识和技术，他决心寻找一个立足点。因自己身材魁梧，他在一家洋行找到了一份看门的工作。或许有人觉得做看门员太不体面，可哈同却不那么想，他认为看门能赚来维持生计的钱，并不觉得丢脸。另外，他还想通过自己的努力奋斗，积蓄力量，为日后的赚大钱"铺好路"。

哈同在当看门员时，非常认真，忠于职守。晚上，他利用一切可利用的时间阅读各种经济和财务书籍，文化水平提高很快。老板觉得哈同工作出色，脑子灵活，便把他调到业务部门做办事员。

哈同一如既往地努力工作，工作业绩不错，逐步被提升为领班。这时，他的收入大大增加，心怀壮志的他，并没有因此而知足。他认为自己创业的时机到了。1901年，他离开了打工的岗位，自己开始独立经营商行。

哈同自办的商行名为"哈同洋行"，为了赚取更多的钱，他以经营洋货买卖为主。洋货在中国市场上的竞争商品相对不那么多，消费者难以"货比三家"，因此，短短几年间，哈同赚了许多钱。

随着资本的增多，哈同开始买卖土地和放高利贷。他买入的土地往往从一些急于等钱用的人那儿获得，所以他把价钱压得很低。接着，他将低价买入的土地租给别人建房，到一定年限后再收回，这样连房产也归他所有了。另外，他自己也投资建造楼房供出租用，从中获取惊人的利润。就这样，他最终成为一名大富豪。

犹太巨商大多是白手起家，他们刚刚从业时一般多从事最底层的工作。但他们的一大共性就是能在平凡的工作岗位上干得出色，练就过硬的本领，开创自己的未来。

经商创业需要资本，只有把基础打好，才能掘得"第一桶金"，为自己创业积累原始资本。而有些人，却不屑于做小事，只想做大事，结果不仅缺乏创业根基，而且信心屡屡受挫，这是他们眼高手低的浮躁心态在"作怪"，也是一种懒惰的表现。

美国西部是一个充满挑战与机遇的地方，许多人跑到那里打工，梦想能挣到更多的钱。其中有两个年轻人，哈桑和麦克，他们在路上偶然相遇了，说起去打工的事情，两个人都对未来充满了希望，他们来到美国西部后，就开始不断地寻找机会。

有一天，二人同行时，有一枚硬币躺在地上，哈桑看也不看就抬着头走过去了，而麦克却毫不犹豫地把那枚硬币捡了起来。哈桑看着麦克不由地露出了鄙夷的神情，他想：真没出息，一枚硬币也要捡，哪像干大事业的人！而麦克却在想：让钱白白地从身边溜走，这样的人怎么能成就大事业呢？

两个人又同时走进一家小公司。这家公司的工作很累、工资也低，哈桑不屑一顾地走了，而麦克却留了下来，努力工作。哈桑去了一家又一家公司，还在不断地努力寻找机会。

两年后的一天，两人在街上相遇了，麦克由于努力工作，已经干出了一番事业，自己成了老板，而哈桑却仍然没有一份固定的工作。

哈桑感到非常不理解：麦克是连一枚硬币都要捡的人，这么没出息，怎么可能做出一番事业来呢？

其实，一个人要想成就大事业，就必须从小事做起。如果你连一枚硬币都不要，只是一味地盯着"大钱"，又怎么可能发家致富呢？

很多人一直在追问到底什么是大生意，什么是小生意，两者应该如何取舍。其实生意场上无贵贱，大生意与小生意都能赚钱，只要把自己经营的生意做好了，就是一位成功的商人。

有一个以臭豆腐发家致富的中国商人，2006年，他读完本科专业后以优异的成绩考入华中科技大学，继续攻读经济专业硕士。在很多人的眼中，硕士毕业后的他应该能找个"体面"的工作，领着高额的薪水，过着悠闲的生活。但这个人还没等毕业，就决定自主创业。

他平时最大的爱好就是吃，美食成了他生活中不可或缺的一部分，每到一个城市，他都要去尝尝那里的小吃，回到他的故乡烟台之后同样如此。在烟台的一条小吃街上他爱上了一家小店里面的臭豆腐，于是经常光顾那家小店。

时间长了，他和小店的老板熟悉了，通过了解，他知道那家店的老板之前竟然是个大学生，后来自学臭豆腐手艺就开了这么一家小店，生意还挺不错。那个时候他就想："臭豆腐几乎每个城市都有而且深受人们的喜欢，那么我为什么不也学着做臭豆腐呢？"打定主意之后，他就开始向那个小店的老板学习做臭豆腐的手艺。开始老板并不相信他真的会想做只能获取微利的臭豆腐，后来被他的诚意打动，二人商量之后决定联手合作。

两人合作之后首先改进了臭豆腐原有的制作技术，他们采用纯天然无污染的纯草本发酵豆腐，并且尝试在臭豆腐里面加入中草药保健成分，不断提升臭豆腐的风味和品质，紧接着他们又开始拓展臭豆腐的风味品种。

除了产品品质之外，两人还注意企业的管理，实行了体系化统一管理，从产品原材料种植到生产加工再到最后销售，全部统一实行量化管理，对店面所有的员工统一培训，统一着装。经过两个人不断的努力，2008年年底，他们的第一家"臭里香"臭豆腐店在烟台正式开张了。

事实证明，他们的产品深受顾客喜爱，有了第一家店的成熟运作经验，他们的生意越做越大，在不到一年的时间里，他们在烟台一个城市所拥有的店面就超过了10家。

随着"臭里香"的名气越来越大，开始有人主动找上门来请求加盟。如今，"臭里香"以烟台为基地，北至吉林，南到湖南，西到新疆，全国已有超过200家的加盟店。

经营臭豆腐生意，只能获利几毛钱或者几块钱，这在很多人眼里是小钱，但是却能够在精明的生意人手里变成大财富。所以，不要小看小生意，不做小生意永远做不成大生意，经商赚钱不能嫌生意小，只有善于经营，把小生意做大做强，不断扩大规模，才能做成大生意赚大钱。

一口吃不成一个胖子，积跬步以至千里，汇细流方成大海。人只有先积累实力，从小生意做起，从小钱赚起，重视量的积累，积少成多，聚沙成塔，最终才能成就一番大事业。

从敢冒险起家

《塔木德》中说："在别人不敢去的地方，才能找到最美的钻石。"在犹太人的生意经中，给自己制定的目标一定要实际，要有实现的可能性。他们认为，有信心不一定会赢，没有信心却一定会输；有行动不一定会成功，没有行动却一定会失败。所以，敢想敢做，敢拼会动脑，就会赢。

高风险意味着高难度，人只有敢冒险，才可能赢得成功。

纽约大美术商劳埃德是一个极具冒险精神，同时又异常心细的人。1938年3月，德国军队越过了奥地利边境，劳埃德赶在希特勒到达维也纳之前，带着10美元辗转来到伦敦，并于1948年创立了马尔伯勒高雅艺术陈列室，主要为英国许多显赫的家族出售其收藏的艺术珍品，后来又经营现代派的绘画作品。

劳埃德在短短的6年里就成为现代派美术作品最大的出口代理商。劳埃德对美术作品兴趣不大，只关心能不能通过作品的买卖赚大钱。所以，他采用纯商业式交易和职业化的处理，其作品大部分是代销的，美术馆只在生意结束后收取佣金。但是劳埃德发现这样并不能将自己的美术馆同其他美术馆区别开，他担心长此以往会使自己与同行陷入降价竞争的恶性循环之中。经过仔细考察，劳埃德使自己的美术馆除了提供场地以外，还提供做广告、推销、展示目录、邮寄、保险和运输的全套服务。所以与劳埃德合作的美术家们对劳埃德的服务很满意，他们的作品在这里不仅可以卖到最高价，而且不管销售情况如何，美术馆都给予他们稳定的生活津贴，乃至于各国的画家都愿意同劳埃德合作。

1963 年，苏联著名画家抽象派大师罗斯科卖给劳埃德美术馆 15 幅作品，全部画款在 4 年内结清。后来商定，在以后的 14 年中，不管劳埃德或美术馆的经营状况如何，都由罗斯柴尔德银行每年向罗斯科支付 10 万美元，为此美术馆向该银行抵押了数量可观的财产。

作为回报，美术馆取得了今后 8 年罗斯科画作的独家代理商资格。这种不顾艺术潮流和美术家创作状态变化的"赌注"，无疑是极具风险的，而事实上协议执行不到一年，罗斯科就自杀身亡了，劳埃德一下子就陷入了罗斯科子女的诉讼中。但劳埃德仍很从容地处理了罗斯科的事。目前，该美术馆已成为世界美术界的一个超级大馆，在苏黎世、罗马、东京、伦敦、多伦多、蒙特利尔都设有分馆，每年的销售总额为 2500 万美元，占世界美术品市场的 5% ~ 10%。

　　犹太商人同样面对着市场竞争中的优胜劣汰，致富的道路上也是荆棘丛生，市场信息更是瞬息万变，供需关系同样纷繁复杂，但他从来都敢冒高风险，做高难度的事情。

　　在房地产市场不景气的时期，一个犹太房产开发商多次投资依然能获利，他说，他之所以能够屡屡成功，主要是因为他敢于冒险并谨慎投资。他在选择一个投资项目时，如果别人都说可行，这就不是机会——他认为别人都能看见的机会不是机会。他每次投资的几乎都是别人说不行的项目，尽管这样风险很大，但他还是能凭多年的经验发大财。

　　《塔木德》里说过："当机会来临时，不敢冒险的人，永远都是平庸之辈。"犹太商人经常做风险投资，他们的祖辈生来颠沛流离形成的冒险精神和风险投资意识已深入他们的内心。时代的进步，使得这种风险观念越发彰显，犹太商人的生意经中有"只要值得，就要去冒险"这么一条，这种大胆地在风险中淘金的做法，是非常令人佩服的。

　　犹太人认为，在商场中的冒险并不是盲目地冒险，而是要化解风险，在这里，商人真正能够获利的关键在于决策的正确，这就要求商人有相当的经商能力。这种能力总结起来有三点：一是知己知彼，善于审时度势，及时把握市场的动向、消费者的需求，准确地对竞争者进行判断，从而先发制人，抢占市场；二是扬长避短，充分扬己之长，发挥自己的优势；三是见机行事，善于操纵商机，瞅准市场上一切"有利可图"的机会，主动出击。

　　美国金融巨头摩根就是一个典型的敢于做出惊人投资策略的犹太商人。有人戏称："只要摩根一开始工作，印钞机就飞速运转起来，因为他的脑子里已经完全有了投资的概念。"19世纪末，支撑美国产业界运输体系的台柱只有铁路运输，但如一盘散沙似的各段铁路无法胜任这项重任。要想把分散的铁路线连接成网，形成一个铁路联合体，就要向铁路投入高额资金。铁路对于投资银行的依赖程度表现得相当突出。随着生产力的发展，企业社会化程度越来越高，各公司的联合与吞并也越加频繁，借贷的资金额也越来越大。这就要求投资银行不仅要有雄厚的财产做后盾，更要有很高的信誉。在这种青黄不接的形势下，摩根创立的银行辛迪加成为新时期银行投资业的榜样。众多破产的公司面对美国经济危机，把希望寄托在摩根身上，希望他能够收购他们的公司，给他们的公司以新生。

　　在此等危难之时，摩根力挽狂澜，他操起"手术刀"，对铁路业大动"手术"。他采取了"高价买下"战略。无论是西部铁路，还是那些早已不符合当今发展要求的铁路，他统统买下，以便能迅速整顿美国铁路的现状。摩根的高价购买铁路策略，有人称之为"托拉斯计划"。摩根此次的大量投资，不是投机，而是为了促进铁路发展。这次摩根之所以开出了打败所有竞争对手的价格，也是因为他并不想靠这次投资获利。另外，如果铁路产业经济的支柱被别人占领，那么他在金融界刚刚夺得的"霸主"地位，将会变成空谈。为此，他努力一搏。摩根这次对铁路的大整顿，标志着美国经济由开发的初创阶段，进入了重视经营管理阶段，转变了美国传统的经营战略与思想。摩根的经营思想与管理方式成为华尔街纷纷模仿的对象，至今仍有巨大的影响力。

从摩根身上，我们可以发现，犹太人宁可去尝试在高风险中赚钱，也绝不轻易地让自己规避风险。这种胆大心细、迅速出手的智慧是一个优秀商人的基本素质。

从维系老客户到发展新客户

犹太商人认为，客户的地位相当重要，在越来越激烈的市场竞争中，客户是商人的生存之本、发展之根，维护好客户才能获得长久发展。开发十个新客户，不如维护一个老客户。这是经商的一条"黄金法则"。

维护好老客户可以带来良好的口碑，树立起企业的信誉和良好形象，同时有利于发展新客户，降低新客户的开发成本——开发一个新客户的投入是维护一个老客户投入的 6 倍左右。维护好一个老客户不仅成本低，还有可能带来新的潜在客户，这样收益更大、风险更低。

号称"世界上最伟大的商人"的乔·吉拉德，创造了汽车销售最高纪录，15 年中他以零售的方式销售了 13001 辆汽车，而其中 65% 的交易来自于老客户的再度购买。

在 IBM 公司年销售额由 10 年前的 100 亿美元迅速飙升到 500 亿美元时，其营销经理罗杰斯说："大多数公司的营销经理想的是争取新客户，但我们的成功之处在于留住老客户；我们 IBM 为满足回头客，赴汤蹈火在所不辞。"

由此可见，在商业活动中，维护好老客户比寻找新客户要重要得多。

有一位犹太商人的成功依靠的就是在以良好的售后服务维护好老客户的基础上，发展新客户。入行没几年，他就几乎用不着上门推销了，但他的订单却日益增多。谈及他的成功，他这样说："对于我来说，销售的关键时刻，以及我需要做的最重要的工作，是在买主向我购买了产品之后。"任何一种商品推销成功之后，他都会常用电话和客户联系，并向客户说明他打电话的用意是要弄清楚他们是否满意他的产品。如果客户有不满意的地方，他会认真听客户说完，然后以诚挚的态度向客户道歉，并表示一定努力弥补这些不足。如果客户向他反映产品问题，他会马上去处理。除此之外，对于每个客户，他都存有一份"档案"，包括通话次数和内容。通过这些小的细节来维护与客户的关系，让跟他打过交道的客户都非常信任他，也愿意为他介绍新客户。

这位商人之所以能够在销售工作中取得优异的成绩，靠的就是良好的售后服务。他通过让老客户满意，来稳定这一客户群。而且这些老客户的良好口碑又可以为他带来新的客户资源，所以这位商人不用主动寻找新客户就能获得新的订单。

德鲁克曾告诫人们："衡量一个企业是否兴旺，只要回头看看其身后的顾客队伍有多长就一清二楚了。"一个真正的成功的商人，会始终把顾客当作上帝。

在蒙特利尔市有一条很著名的圣劳伦斯街。在这条街上，有一家同样著名的熏肉店，据说是早年从波兰或罗马尼亚过来的犹太移民所开。这家熏肉店开得很有特色，也很有名气，成了该市的一个亮点。不仅当地的食客很多，外地来的也不少，很多旅游方面的杂志甚至把它列为蒙特利尔市的一个重要景点。于是，这里每天都会出现排队候餐的盛况。

这家犹太人的熏肉店其实就是另一种形式的快餐食品店。这里可供选择的主食其实很简单，除了面包夹熏肉的三明治食品，就是烤牛排和烤牛肝，但最出名的当然还要数熏牛肉。这些东西的价格很便宜，也就 4 ~ 7 加元，这在当地也就是一个汉堡包的价钱。此外，它既是人们可以接受的主流食品，又与当今最流行的汉堡包口味迥然不同。

据说，开这家店的犹太人做熏肉非常拿手，堪称"蒙特利尔一绝"。店里的熏肉，都选上等牛肉为原料，制作过程也相当复杂。要先将牛肉腌 10 天以上，然后再熏 10 小时。由于配料用的是祖传秘方，因此更增加了它的神秘色彩。不过该店做出来的肉的确很香、很嫩，也很松软，很是好吃。

这家犹太人的熏肉店在竞争激烈的饮食界傲然挺立，已传了三代，生意一直都很火。

有人曾经问这家店的犹太老板，为什么不开连锁店。他笑着说："我们祖祖辈辈都亲自动手做熏肉，开连锁店不太适合。我们要做的最重要的事就是维护好我们的老客户，做回头客的生意就可以了。"

这就是精明的犹太人的经商之道，他们以自身的例子告诉人们，无论从事什么生意，只要把顾客当作上帝，就一定会取得成功。

从尝试众多事情开始

犹太人认为，所有新生事物的诞生，都是机会和风险的选择，不冒险、不尝试，就不会抓住机会，就无法获得成功。每个人的人生都只能书写一次，如何获得自己想要的人生，如何成就自己的梦想，只有多番尝试，才能争取到更多的机会，最终达到自己的目标。

有一天，一个灵魂希望自己的面貌能够"焕然一新"，他就这个问题找到了上帝。上帝说："你准备做人吧。""做人有风险吗？"灵魂问。"有，钩心斗角、诽谤、夭折、瘟疫……"上帝答。"另换一个吧！"灵魂担忧地说。"那就做马吧！"上帝说。"做马有风险吗？"灵魂不放心地问。"有，受鞭笞、被宰杀……"上帝答道。于是灵魂要求再换一个。可是无论做什么，都免不了担风险。"啊，恕我斗胆，看来只有做上帝没风险了，让我留在你身边吧！"上帝哼了一声："我也有风险，人世间难免有冤情，我也难免会被人责问……"这个灵魂问道："那做什么没风险啊？"他最终也没有得到满意的答案。

世上没有毫无风险的事，就像天下没有免费的午餐一样。要想在人才济济的社会中闯出一条成功之路来，就必须要有敢于尝试的精神。人生中许多意外的收获往往都来自于冒险的行为。

开中药店和开茶馆是两个不同的行业，但一家日本公司却把这两个不同的行业组合在一起，最后竟然产生了意想不到的效果。

20世纪70年代的日本，人们普遍信奉西医，中医备受冷落，中药很难卖出去，因而中药店境况很凄凉。从事中药经营的伊仓产业公司的社长石川为了改变这一境况，绞尽脑汁，苦苦寻求办法。后来他把中药和现代生活方式的茶馆结合起来，以此来促进中药的销售。

1974年9月，伊仓产业公司在东京的中央区办起了第一家中药吃茶馆。为改变中药店的阴郁气氛，石川按照茶馆的式样对其进行了装饰，店内豪华气派，格调高雅，并且装设了空调、灯光、音响等设备。墙壁刷得雪白，地面、桌椅全部刷成绿色，店内整体气氛清新宜人，散发着浓郁的现代都市生活气息。店里考究的壁柜里放着各色中药饮料，有中国著名的人参药酒、鹿茸药酒，还有掺了中药的果汁等。无论是药酒还是果汁，中药味都已大大减轻。别具一格的经营方式，立即吸引了大量的年轻顾客，店里经常座无虚席，顾客们在美妙动听的流行音乐声中，悠闲地品味着既能强身健体又合口味的中药饮料。伊仓吃茶馆成了一大热点，并带动了东京其他茶店的繁荣，全国各地寄来了数不清的信件，请求伊仓吃茶馆提供中药的订单和配药方法，过去没有人愿意吃的中药，现在成了人们竞相购买的珍品，伊仓公司也因此一炮打响。

伊仓吃茶馆经营模式的成功主要在于他广采博览，结合了中药养生和茶馆现代化经营的模式，让中药成了人们竞相购买的珍宝，改变了中药的传统形象和人们对中药的定位。伊仓吃茶馆的成功无论是从思路上来说，还是从经营模式上来说，都是一场商业的大变革，一切思路的创新，都让伊仓吃茶馆走向了成功，也带动了中药店和吃茶店的繁荣。

人们本来都具备打破旧格局迎来新格局的巨大潜能，可是这种潜能却很少被激发出来。只有具备风险意识，无所畏惧，勇于探索和实践，人的潜能才能发挥出来。而只有能完全地展示自己的才能、实现自己追求的人，才能领略到人生的最大喜悦和欢愉。每位成功人士的发展史，每个成功企业的发展史，都有过冒险的经历，冒险精神毋庸置疑被列为成功者必备的素质之一。

要成功就要有探索精神，敢于尝试比坐以待毙有更多的机会。第一个吃螃蟹的人、第一个登上月球的人……所有的"第一"都属于敢于冒险、勇于尝试、不断探索，从而获得成功的人。

很多人缺少发现商机的眼光。那么，如何发现商机，如何在发现商机后迅速做出反应，让商机变成财富呢？能够随机应变是其中的关键所在。

善于随机应变的商人，能适应不断变化的经济形势，能不被竞争市场所淘汰。随机应变的能力，可以帮助人更加灵活地经营企业。"变"是一种态度，一种经营哲学，一种管理方式。人只有不断拓展商机，充分利用现有资源进行市场的开发，才能把企业做大做强。下面故事中的犹太商人很好地做到了这一点。

1947 年的冬天，在密执安州的卡索波里斯，犹太青年爱德华·洛厄正帮他的父亲做木屑生意。这时，一位邻居跑过来，想跟他们要一些木屑，因为她猫房里的猫沙冻住了，她想换一些木屑铺上去。当时，年轻的洛厄就从一只旧箱子里拿出一袋风干了的黏土颗粒，建议她试试这个。因为这种材料的吸附能力特别强，当年他父亲卖木屑的时候，就是采用这种材料清除油渍的。几天以后，这位邻居又来了，她想再要一些这样的黏土颗粒。这时洛厄灵光一闪，突然意识到自己的机会来了。他马上取来一些黏土颗粒，分 5 千克一份，总共装了 10 份。他把自己的新产品命名为"猫房铺"，打算以每份 65 美分的价格卖出去。洛厄的 10 份黏土很快卖完了。而且，当这 10 个用户再次找上门来，指名道姓要"猫房铺"的时候，这一下轮到洛厄发笑了。他立刻申请了"猫房铺"的专利，并创建了自己的产品品牌。1995 年洛厄去世前的两三年时间内，"猫房铺"的销售额就达到了两亿美元。

"猫房铺"的出现来源于洛厄的随机应变，如果不是洛厄对于商机的把握，那么"猫房铺"可能就不会出现。正是洛厄通过邻居对于铺猫房材料的需求以及潜在市场的准确判断，他才能准确地把握商机，创造出一种新的产品并获得丰厚的回报。

在企业的经营过程中，市场形势时刻处在不断的变化中，要想使企业在变化中生存、发展，随机应变的本领是不可缺少的。随机应变的经营模式可以让人抓住商机，甚至创造商机。随机应变的商人市场适应力强，把握商机的能力强，市场竞争力也强，所以他们能在激烈的竞争中脱颖而出。

从找"卖点"到挣大钱

犹太商人有自己的一套独特的经商法则，"以厚利取胜"就是其中之一。《塔木德》中说："绝不廉价出售商品。" 虽然很多商人把"薄利多销"当作一个牢不可破的经商法则，但犹太人认为薄利多销是套在自己脖子上的无形"枷锁"，会阻碍自己赚取更多的财富。犹太人的经营理念是突出自己商品的优势，尽量告诉消费者它的好处与特别之处，让消费者心甘情愿地出高价购买。在犹太人的公司里，员工首先要学习一大堆有关产品的详细资料，然后用这些资料去说服消费者，让他们相信自己的商品是最好的。但这些商品的价格却往往高得惊人，一般人见到之后大多会惊呼："这么贵，怎么可能有人买？"而犹太老板却对自己商品的价格很有信心，他们会告诉顾客商品高价的原因，让顾客感觉自己买这些商品是占到了便宜。这就是犹太商人的高明之处，也是值得很多商人学习的地方。

犹太商人认为，压低价格，是对自己的商品没有信心的表现，通过出售廉价的商品致富是不明智的。因此，犹太商人总是尽量让自己的商品显得与众不同，并抬高商品的价格，以此作为"卖点"来吸引消费者。

当其他商家都在大搞促销，表示"要把降价进行到底"的时候，犹太商人却反其道而行之，采用"奇货可居"的策略。他们为什么要这么做呢？对于这一点，他们有自己的解释。他们认为，同行之间展开价格战，通过不断降价来增加销量相当于是饮鸩止渴。因为市场容量有限，大批廉价商品进入市场会迅速加快市场的饱和度，最终无法容纳更多的商品。厂家再生产出来的商品就无法大批量地进入市场，导致商品滞销，而且微薄的利润也会导致大多数厂商入不敷出，无法维持长久的经营。所以，薄利竞争的后果就可能是厂商大批倒闭，商家的路越走越艰难，最终无利可图。

犹太商人认为，采用价格战提高销量是"下等"的营销策略。因为薄利以后的效果就是卖3件商品所得的利润只是原先卖1件商品的利润。"薄利就是把绳索往自己的脖子上套，是大家在比赛自杀，这是死亡大竞争。"犹太商人大声疾呼，"这是愚蠢至极的行为。"他们认为"上策"是出售一件商品就得到一件商品的利润，甚至是两三倍的利润，这样既可以节省出各种经营费用，还可以保证市场的稳定。

亚利桑那州大峡谷沙漠中有一家麦当劳店，游人都对此很感兴趣，他们总喜欢在此解决饮食问题。其实这儿的价格要远远高于其他地方的麦当劳连锁店的价格，正如这家犹太人店长直言不讳说的那样："本店价格最贵。"但人们似乎根本不在乎。
店里挂着醒目的"诚告顾客"：由于本地经常缺水，所需用水
是从 60 英里以外运来的，其费用要高出常规的 25 倍；为雇员
紧缺考虑，我们需支付较其他地方更高的工资；为了在旅游淡
季也维持营业，本店还得承受季节性亏损；又由于远离城市，
地处偏僻，本店的原料运输昂贵。所有这些因素使本店的食品
价格昂贵，但我们为的是向您提供服务，相信您会理解这一点。

话说到这个份儿上，就再明白不过了。游人尽情品尝最贵
的汉堡包、热咖啡、薯条，反而觉得钱花得值。

从这家麦当劳店的经营方式上，我们就能看出犹太人的经
营智慧。他们的精明之处就在于他们懂得"推崇"自己的商品，
让顾客觉得它有独特的价值，并高高兴兴地为高价埋单。

当然，犹太人并不会随便滥用这种"厚利适销"的营销方式，
他们对于行业的选择是有讲究的：他们通常选择那些昂贵的消
费品来经营，如珠宝、钻石等，因为这样的商品更能发挥这种
经营方式的优势。同时，在金融证券、信贷投资、媒体报纸等
这些厚利乃至暴利的行业中也处处可见犹太人的身影。

可能有人会有疑问，犹太人的这种高价厚利策略，似乎只
适合富有的消费者，对那些中等及低收入阶层并不合适。其实，
这只是表面现象，随着社会的进步，人们生活质量的改善，消
费层次的提升，人们的消费观念也在日益发生着改变。价格的

高低已不再是人们购买商品时首要考虑的问题，人们更多地关注的是商品的档次。因为"好货不便宜，便宜没好货"这种思想已深入人心。如果在这种形势下，仍一味地追求低价，那么商品就只能是"地摊货"，而与名品、精品无缘，这样也会失去很多能够大手笔消费的顾客。而且一旦消费者对你的商品的印象定型，将其划为低档次商品，以后你再想扭转产品定位也会变得极为困难。所以，犹太人建议商品价格一定要标得理直气壮，该高时就要高，不要害怕没有人买，因为讲究身份、崇尚富有是人们的一种普遍心理。而在富有阶层流行的东西，很快就会在中低层中流行起来。据犹太人统计分析，在富有阶层流行的商品，一般两年左右就会在中低层社会流行开来。而那些低收入群体，虽然暂时无法购买那些价格昂贵的消费品，但在崇尚富有的心理作用下，他们也会朝着这一目标努力，他们的行为又会影响到身边的人。久而久之，昂贵的商品也会在他们中间流行起来。

事实证明，犹太人的这种经营理念是可行的，如金银、珠宝、奢侈品等高档消费品如今已经不是富有阶层的专属品了，人们的消费现念已逐步向高品质转变，可见，犹太商人的"厚利适销"策略看准了人们的消费心理，因此也就能获得巨大的成功。

从瞄准商机到巧发大财

《塔木德》中说："抓住好东西，无论它多么微不足道；把它牢牢抓住不放，不要让它溜掉。"

机遇对每个人都很重要，特别是在商场，一旦机会来临而你没有抓住，那你就只能空嗟叹了。因为，好机会往往不会再次降临。

一个叫包克的犹太青年从小立志要创办杂志。因为这一目标，他长大后总在寻找在别人看来微不足道的小事中的创业机会。有一天，包克看见一个人打开一包纸烟，从中抽出一张纸片，把它扔在地上。包克弯下腰，捡起那张纸片，上面印着一个著名女演员的照片。在这幅照片下面印有一句话：这是一套照片中的一幅，烟草公司敦促买烟者收集一套照片。包克把这个纸片翻过来，发现它的背面竟然完全是空白的。

包克觉得这里有一个机会，他推断：如果把附装在烟盒里的印有照片的纸片充分利用起来，在它空白的那一面印上照片上的人物的简介，这种照片的价值就能大大提高。于是，他找到印刷这种纸烟附件的公司，向公司的经理说出了他的想法，最终他的想法被经理采纳。包克赶紧请人写需要介绍的名人的简介，他自己来编辑修改。就这样做了几年后，包克积累了创业的"第一桶金"。

之后，包克投资创办了一家杂志社，并如愿以偿地做了杂志社的主编。在经营杂志社时，他大做广告，为企业、名人写自传报道，使得他的杂志的知名度大大提高，收益颇丰。

对于一个不会捕捉商机的人来说，给他一百次机会，他也不能从中找到赚钱的机会；而对于一个善于捕捉商机的人来说，一次商机就可以使其致富。人成功的关键在于是否有"心"去留意商机，而包克就是这样一个有心人，所以他才能创业、发家。

商机随处都有，就看你能否发现。同样一个商机，对于不同的人，也会产生不同的效果。要想在"一穷二白"的基础上淘到真金，就要瞄准商机巧发财。

1981 年，英国王子查尔斯和戴安娜要在伦敦举行耗资 10 亿英镑、轰动全世界的婚礼。消息传开后，伦敦城内及英国各地的很多商人绞尽脑汁想利用这一千载难逢的机遇发财。有的商人在糖盒上印上王子和王妃的照片，有的商人在各式服装上印染王子和王妃结婚时的图案。但在诸多的商人中，没有一个比得过那位销售望远镜的商人。

这位商人当时想的是：既然大家都在绞尽脑汁想通过这个

商机赚钱，那就一定要找出别人想不到的点，才能发现人们最需要的东西，才能赚到比别人更多的钱。他冥思苦想，终于有了好主意。

这位商人想，盛典之时，将有百万以上的人观看，有多半人会由于距离远，无法一睹王妃尊容和典礼盛况。这些人最需要的不是购买一枚纪念章、一盒印有王子和王妃照片的糖，而是一副能使他们看清楚的望远镜。于是，他突击生产了几十万副简易望远镜。

婚礼那天，正当成千上万的人由于距离太远而看不清王妃的美丽容貌和典礼盛况，急得毫无办法时，这位商人雇用的上千个卖望远镜的人出现在人群之中，高声喊道："卖望远镜了，一英镑一个！请用一英镑看婚礼盛典！"顷刻间，几十万副望远镜被抢购一空。毫无疑问，这位商人发了笔大财！

机遇对任何人来说都是公平的，就看谁抓得准、用得好。其实，在上面这个故事中，别的商人不是没有去抓机遇，只是他们没有抓准。而那位生产简易望远镜的商人真正抓准了机遇，所以他能比别人赚到更多的钱。正如一位营销大师所说："市场的胜利者，是那些认真分析市场，有效利用信息，善于抓住机遇、把握机遇的人。"

犹太人的商业嗅觉是与生俱来的，他们往往能抓住那些微小的机会，从中获取最大的利润。如果你问犹太人为什么能够准确地捕捉到商机，他们则会表现得非常谦虚。因为在犹太人看来，商机是难以捕捉的，一旦"闻"出了它的"味道"，就必须及时做出反应，制定相应的策略，稍微慢一点就会痛失良机。

希腊人奥纳西斯出身贫苦，为了谋生，他漂洋过海，背井离乡，来到南美洲的阿根廷。他做过多种杂工，包括人们最不愿意干的活。他也做过小商贩，经营过诸如烟草一类的小生意。生活的艰辛使他历经磨难，但同时，丰富、复杂的社会磨炼也使他受益匪浅，练就了他敏锐的观察力和精准的判断力。

1929 年，世界经济危机首先在美国爆发，继而波及世界各地，阿根廷的经济也陷入了极端困难的境地，工厂大批倒闭，工人也大量失业，各行各业萧条不堪。红极一时的海上运输业也同样难逃厄运。加拿大国营运输公司为了渡过难关，准备拍卖名下的各类产业，其中，在 10 年前价值 200 万美元的 6 艘货船，只开价 12 万美元。奥纳西斯看准时机，拿出自己的全部积蓄，并向好友筹借了几万美元，专程飞赴加拿大买下了这几艘船。

奥纳西斯的反常举动令同行们大惑不解，他们实在想不通，奥纳西斯明明知道，1931 年的海上运输量仅为 1928 年的 35%，连大名鼎鼎的海运专家、企业家们都不知如何是好，而奥纳西斯却"飞蛾扑火"，自寻"死路"。但奥纳西斯却不这么想，他通过亲眼目睹这场经济灾难的前前后后，断定这是资本主义经济发展的一种规律，他确定，很快就会经济大复苏，危机马上就会结束，物价将很快从暴跌变为狂涨，海洋运输业也将很快从低谷走向高潮。

果然，精明果断的奥纳西斯预测对了，经济危机很快过去了，在百业重兴的过程中，海洋运输业的回升和发展势头大大领先于其他行业，他花低价买来的6艘货船转眼之间身价倍增，业界无不艳羡，银行家们对他刮目相看，纷纷主动上门为其提供信用贷款。

聪明的奥纳西斯绝不让机会从身边溜走，他乘机迅速壮大自己的海洋运输队伍，使自己的实力倍增。紧接着，他开始向世界各主要航线进军，所到之处，罕遇对手。奥纳西斯成了世界海洋运输业中的"金字招牌"。大量的财富以惊人的速度源源不断地流入他的腰包。1945年，他成为希腊海运第一人，之后又成为名副其实的"世界船王"。

成功的商人都善于捕捉商机，且具有灵敏的商业嗅觉。犹太商人指出：挣钱的路径并非一条。很多大家不以为然的东西，只要你善于利用，照样可以发大财。

"把商机拖到金库中"是美国房地产巨富特朗普的名言。他出生于一个犹太建筑承包商的家庭。特朗普13岁时，被父亲送到军事学校去上学。军校毕业后，他又到福德姆大学上学。大学上了两年，他认为如果立志经商，霍顿金融学校是个不可不去的地方，于是他转而攻读商科。从那时起，他就向往曼哈顿，因为曼哈顿是纽约的首富之区，许多跨国大公司和大银行在该区的华尔街上。

1971 年是特朗普大学毕业的第三年，他在曼哈顿租了一套公寓。这是一套小型公寓，面朝邻近楼房的水箱，室内狭小、昏暗，尽管如此，他仍然很高兴。一有时间，他就去了解这里所有的房地产市场情况，为之后的创业打基础。

一年后，特朗普虽然认识了许多人，开阔了视野，也了解到更多房地产业的事情，但他仍没有发现他买得起、价格适中的不动产，所以他迟迟"按兵不动"。到了 1973 年，曼哈顿的情况突然变糟，由于通货膨胀，建筑费用猛涨。纽约市本身的债务更是上升到了令人忧心忡忡的地步。人们惶惶不可终日，简直不能相信这座城市还能复苏。这种环境当然也不利于新的房地产开发，特朗普虽然担心纽约市的未来，但他认为，曼哈顿是最佳住处，纽约在短期内不管有什么困难，情况一定会彻底改观，这一点他毫不怀疑——不可能有哪座城市能取代纽约。

于是特朗普想在此时试试是否有创业的机会。几年来，一直吸引特朗普目光的，是哈得孙河边的一个荒废了的巨大的铁路广场。每次他沿西岸河滨的高速公路开车经过时，他就设想能在那儿建点什么。但在该市处于财政危机时，没有商人愿意开发这片大约 100 英亩的庞大地产。尽管如此，特朗普却认为，要全面改变现状并非太难，人们发现它的价值只是时间问题。

有一天，特朗普在报纸上的破产广告一栏中，偶然看到一则启事，说一个叫维克多的人负责出售废弃广场的资产。于是他打电话给维克多，说他想买60号街的广场。广场的事最终虽未落实，但维克多提供了另一个信息：一家名叫康莫多尔的大饭店由于管理不善，已经破败不堪，多年亏损。特朗普发现，成千上万的人每天上下班都从这里的地铁站上上下下，绝对是一流的好位置。特朗普把打算买饭店的事告诉了他的父亲。父亲听说儿子要在城中买下那家破饭店，非常吃惊，因为许多精明的房地产商认为那是笔赔本的买卖。特朗普当然也知道这一点，不过他要了一些高明的手段。他一方面让卖主相信他一定会买，却又迟迟不付订金。他尽量拖延时间，他要说服一个有经验的饭店经营人和他一道去寻求贷款，他还要争取市政官员破例给他减免全部税务。一切妥当后，特朗普终于买下了康莫多尔饭店，并投资进行装修，还将之重新命名为海特大饭店。新装修后的饭店富丽堂皇，它的楼面是用华丽的褐色大理石铺的，用漂亮的黄铜做柱子和栏杆，楼顶建了一个玻璃宫餐厅，它的门廊也很有特色，成了人人都想参观的地方。

海特大饭店于1980年9月开张，每天顾客盈门，大获其利，总利润一年超过3000万美元。特朗普拥有饭店50%的股权。然而特朗普没有就此满足，他的目光又投到曼哈顿繁华路段的一座11层的大楼上。从1971年他搬进曼哈顿，并在那儿逛大街起，他就看中了它，那是房地产中一流的位置。如果在这个位置上建一座摩天大楼，它将成为纽约城独一无二的最大不动产。特朗普通过调查，了解到那 11 层大楼的房屋属于邦威特商店，但楼下的地皮属于一个名叫杰克的房地产商。特朗普先去找杰克。杰克不是纽约人，不知道这块地皮的真正价值，更不明白在经济不景气的情况下，仍有人打它的主意。特朗普通过几个回合的谈判，最终以 2500 万美元买下了 11 层大楼和下面的地皮。

特朗普决定把旧楼拆除，建一座高 68 层的大厦，命名为特朗普大厦。他费尽周折，得到了市规划委员会的批准。1980 年，曼哈顿银行同意为特朗普建造大厦提供贷款。特朗普把整个工程承包给了 HRH 施工公司，并委派助手巴巴拉负责监督施工。巴巴拉在翻修康莫多尔饭店时，曾显示出她的杰出才能。

开始旧大楼的爆破工程时，《纽约时报》刊登了炸毁门口雕塑的大幅照片，并发表了许多文章，说特朗普只顾赚钱，不惜毁坏艺术品和文物。尽管艺术和文物管理部门并没有出面干涉，事后特朗普也后悔不该毁了那些雕塑，但令人意想不到的是，这场轩然大波却给特朗普出售大楼帮了大忙。特朗普大厦矗立起来了，建造得既富丽堂皇又新颖独特。光是门廊中沿东墙下来的瀑布，就有 80 英尺高，造价 200 万美元。从第 30 层到第 68 层是公寓房间，站在屋里就可以看到北面的中央公园、东面的九特河、南面的自由女神像、西面的哈得孙河。大楼独具特色的锯齿形设计，使所有单元住宅的主要房间都至少可以看到两面的景色。毋庸置疑，特朗普大厦是有钱人住的地方，每套单元房的售价从 100 万美元到 500 万美元不等。

特朗普大张旗鼓地进行宣传，吸引了许多电影明星和著名人士争相购房。房子还没竣工就卖出了一大半。特朗普大厦共有住宅单元 263 套，他自己留下 10 多套不卖，自家住进了最顶层。他们夫妇花了近两年的时间改建房间，特朗普自豪地说，世界上没有任何一套公寓可以与之比拟。但他并没有就此停步。他又投资度假村、游乐场，成立海湾柑西部娱乐集团等。

特朗普闯荡曼哈顿，适时地捕捉商机，为他崛起于地产业提供了保证，在短短的十几年里，他从一个穷小子变成了一个声名远扬的大富豪。我们不得不钦佩他的远见卓识。犹太商人"找准商机，巧发财"的主张，在特郎普身上得到了充分的体现。因此，人只要能准确把握机会，勤勤恳恳，善于变通，实现自己的梦想就指日可待。

第六章

凭精明的大脑和真诚的服务

不放过多赚 1 美元的机会

犹太人所推崇的"挣钱术"使犹太人最大限度地去做生意。他们认为，只要不违法，什么生意都可以做。

阿曼德·哈默于 1898 年 5 月 21 日出生于美国纽约的布朗克斯，他的祖上是俄国犹太人，曾以造船为生，后因经济拮据，大约于 1875 年移居美国。他的父亲是个医生，兼做医药生意。哈默是 3 个兄弟中最不听话但又最富创造精神的一个。

哈默 16 岁那年，看中了一辆正在拍卖的双座敞篷旧车，但标价却高达 185 美元，这个数字对哈默来说是惊人的。尽管如此，他仍然抓住机遇不放，向在药店售货的哥哥哈里借款，买下了这辆车，并用它为一家商店运送糖果。两周以后，哈默不仅按时如数还清了哥哥的钱，自己还拥有了一辆车。哈默的这第一笔交易与后来的相比根本不算什么，但当时对他来说却属于"巨额交易"。

1921 年 8 月，阿曼德·哈默在经过漫长的旅途之后，风尘仆仆地抵达莫斯科。哈默在对苏联的考察中发现，这个国家地大物博、资源丰富，人们却饿着肚子，他想这个国家为什么不出口各种矿产去换取粮食呢？哈默直接向列宁提出建议，他很快得到了列宁肯定的答复，于是哈默取得了在西伯利亚地区开采石棉矿的许可证，成为第一个在苏联取得矿山开采权的外国人，美国和苏联之间的易货贸易也由此开始。

一个偶然的发现，使哈默又萌生了在苏联办铅笔厂的念头。有一天，他顺路走进一家文具店想买一支铅笔，但商店里只有售价高达26美分的德国货，而且存货有限。哈默清楚地知道同样的铅笔在美国只需3美分。于是他拿着铅笔去见苏联主管工业的人民委员克拉辛，说："您的政府已经制定了政策，要求每个公民都得会读书和写字，但没有铅笔怎么办呢？我想获得生产铅笔的执照。"克拉辛答应了哈默的要求。于是，哈默用高薪从德国聘来技术人员，从荷兰引进机器设备，在莫斯科办起了铅笔厂。到了1926年，他生产的铅笔不仅满足了苏联全国的需要，还出口到土耳其、英国等十几个国家，哈默从中获得了百万美元以上的利润。

20世纪30年代哈默返美时，美国正处于经济萧条时期，所有的企业家都在为生存而努力，但哈默却在寻找新的机会和市场。那时罗斯福正在竞选总统，哈默听说只要罗斯福登上总统宝座，1919年通过的禁酒令就会被废除，以缓解全国对啤酒和威士忌的渴望。随着产酒业高潮的到来，酒桶的需求量将会空前增加，而市面上却没有酒桶。于是他不失时机地从苏联订购了几船桶板木，在新泽西州建了一座现代化的酒桶厂。禁酒令废除之日，他的酒桶正从生产线上滚滚而出，被各酒厂高价抢购一空。继而他又做起酿酒生意，他生产的丹特牌威士忌酒以物美价廉而享誉美国。

从上面的故事中可以看出，商人要尽量利用一切可以利用的机会做生意，一旦发现商机，就要深入挖掘、锲而不舍，这样才能赚大钱。本着什么生意都可以做的宗旨，在犹太人的"挣钱术"中，有一条广为人知的法则——"即使1美元的生意也要做"。这种挣钱的心态是不求挣多挣少，只要有钱挣就是一种满足。犹太人惯于采取"避实就虚，化整为零，积少成多"的策略获取财富。

在犹太人看来，只要不违法，无论生意是大是小，只要赚钱就做。比如，麦当劳、肯德基最开始的时候也都只是很小的快餐店，但生意小并不代表利润就少。做生意的目的是挣钱，挣一分钱是挣，挣几厘钱也是挣，只要把小生意的市场做得足够大，那么就算是几厘钱的利润，长此以往，照样也可以发大财。

汤姆一开始就将自己的店铺定位成"平易"、"亲和"的店，汤姆以较高的薪金严格筛选店员，并从仪表仪、态到基本销售知识、消费心理等都对员工进行培训。此外，他还十分重视营造良好的购物环境。由于店铺在路边，每天开门营业前，他都要求员工必须对店内外进行全面清洁，做到一尘不染。

有人说，小百货店不上档次，经营者不需要在商品摆放上下多大功夫，汤姆却不这样认为。他觉得越是小百货店，就越应该利用好空间，将商品摆放有序，这样，顾客进店后会更容易找到自己需要的商品，省时省力。

俗话说："货不全不赚钱。"经营小百货店，最重要的就是货要全。汤姆的百货店里，除了备齐大件的日用百货，连像蚊香、针线包、手电灯泡等小商品，也随时保证货源充足。而且汤姆让店员收款时不要和顾客斤斤计较，一些不起眼的小零头干脆就舍去。

就是这样一个个的小细节，成就了汤姆的大事业。最终，作为一家传统的百货店，这个"巴掌大"的小店的生意竟然不逊色于大型超市。

生意有大有小，但只要经营得当都可以致富。不放过多赚1美元的机会，这也是犹太商人能纵横商场的原因所在。

妙用信息，增值无限

犹太人认为，能够说明商品功能和表达服务内涵的信息是有创造价值的资源，谁拥有了它，谁就掌握了主动权。

基于对信息重要性的清楚认识，罗斯柴尔德财团的创始人——犹太裔的罗斯柴尔德在创业之初，就十分重视收集信息。如今，他已经在世界范围内建立了一张巨大而高效的情报网，能快速获取准确的信息以及对信息进行整理、运用，而这些方法是罗斯柴尔德财团长盛不衰的秘诀之一。

在战争期间，为了获取信息，罗斯柴尔德家族的成员甚至不惜冒着生命危险，深入战场，以获取最新的经济情报。

19 世纪初，拿破仑军队与欧洲联军苦战不下，战局扑朔迷离，胜负一时难以预料。后来，联军统帅英国的惠灵顿将军发起了新的攻击，一开始打得十分糟糕，因此，欧洲证券市场上英国的股票一度疲软。

此时，身在伦敦的罗斯柴尔德为了了解战争的动向，专程渡过英吉利海峡，亲临法国打探战况。战事逆转、法军溃败的时候，罗斯柴尔德就在滑铁卢战地上。他一获悉消息后便立即动身，赶在政府急件快递员之前几个小时返回了伦敦。

罗斯柴尔德家族迅速动用了大量的资金，趁英国股票尚未大涨之时，大批吃进。几小时后，随着正式消息的发布，英国股票的价格直线上升。而在这几个小时内，罗斯柴尔德家族已发了一大笔横财。

罗斯柴尔德在第一时间掌握了最新的经济情报，从而使自己能快速而准确地做出决策，赢得巨大商机。正确的信息为及时正确的决策提供了依据。有了及时的数据，管理者和企业家就能及时做出正确的决策；而若是缺少关键信息，即使是最优秀的人也无法做出正确的决策。

世界上成功的商人都是靠掌握了关键信息而抓住了成功的机会的。信息对商人来说，意味着机遇，意味着财富。

伯纳德·巴鲁克是著名的美国犹太实业家、政治家和哲人，他20多岁时就已经成为人尽皆知的百万富翁。他的成功正是由于他善于发现并抓住机遇。

和别的犹太商人一样，巴鲁克在创业伊始也历尽千辛万苦，但他拥有一双善于发现商机的眼睛。在常人看来是风马牛不相及的事情，巴鲁克却能发现它们之间的联系，并能从这种联系中找到商机。

1899年7月3日晚上，28岁的巴鲁克在家里忽然听到广

第六章　凭精明的大脑和真诚的服务

播里传来消息说，联邦政府的海军在圣地亚哥将西班牙舰队消灭，这意味着很久之前爆发的美西战争即将告一段落。

7月3日这天正好是星期天，第二天是星期一，一般而言，证券交易所在星期一不营业，但私人交易所则依旧工作。巴鲁克马上意识到，如果他能在黎明前赶到自己的办公室大量吃进股票，那么就能大赚一笔。

当时唯一能跑长途的只有火车，但火车晚上不运行。在这种情况下，巴鲁克承包了一列专车赶往自己的办公室。在其他投资者还在睡梦中时，他已经抓住机遇，大赚了一笔。

普林斯顿大学的一位教授曾对位于硅谷的行动迅速和行动缓慢的电脑公司进行比较，结果，他发现这些公司在及时决策的能力方面存在着巨大差异。

二者关键的区别在于对实时数据的利用。行动迅速的公司，其管理者对产品和客户信息十分重视，且重视程度远远超过行动缓慢的公司。他们也经常跟公司各部门互相沟通，通过挖掘信息获得全新见解。此外，他们还经常掌握重要的情报，据此不断评估公司的业绩，判断市场的走向。与之形成对比的是，那些行动缓慢的公司经常进行冗长的规划和预测活动，这样的活动有时需要几个月的时间才能完成。

懂得运用信息的人，往往能够把握住商机，成就自己的财富梦想。公共场所的卫生间大家都十分熟悉，但是却很少有人

·181·

能想到将之作为承载信息的场所进行创业。然而，一位叫作马啸天的年轻人就在这个方面开始了创业。他成立了专门的广告公司，公司的主要业务就是做卫生间里面的广告，这种"非主流"的经营模式为他创造了每年500万元的纯利润。

几年前的马啸天和普通的年轻人一样，怀着自己做老板的梦想在重庆市一家广告公司做一名管理人员。当时他所在的公司是重庆市专门利用电梯间做广告业务的公司，作为一名广告公司的职员，马啸天最开始一门心思地拉广告，发展自己的客户，每天都在客户中间奔波。

年底公司开年会的时候，马啸天惊奇地发现公司一年的纯收入竟然能达到4000万元，他在这个时候冒出了一个想法：为什么不能去找一个像电梯间那样但还没有被开发的新市场来自己做呢？从这个时候开始，他就开始策划一种全新的广告形式。

想法虽好，但是实施起来并不那么容易，通过平时对各种信息的收集和观察总结，马啸天得出了一个结论：想要做有新意、有特色的广告，除了在写字楼费心思之外，还可以利用高端娱乐场所打造一个精品媒体平台，专门利用一些特定的空间和时间来打广告，假如这个主意可以实施的话，那么绝对是个赚钱的机会。但是如何去找这个空间呢？马啸天日思夜想，很多地方已经被开发完毕了，现在究竟还有什么可以做广告的地方没有被发掘呢？

两个多月过去了，马啸天还是没有找到合适的地方，就在他想放弃的时候，一天晚上他去上厕所时盯着墙上的卫生宣传语发呆，忽然脑子里灵光一现：厕所不就是传达信息的绝佳场所吗？只要是人，总要去上厕所，而上厕所的过程，绝对无聊。假如可以利用这么一个无聊的时间在适当的位置做广告，那么绝对会有意想不到的效果。

想法有了之后，马啸天就立即开始行动，他先发动身边的所有人做调查，发现重庆市各种高中档娱乐场所一共有2000家。马啸天计算了一下，一共可以安放1.5万~2万个广告点位，初步估算，这些广告的潜在价值会在1000万元以上。考察完之后，他找到两个合伙人，一起凑了50万元注册了一家广告传媒公司，开始专心经营厕所广告。

任何一种新生事物的出现都不是一帆风顺的，马啸天的厕所广告同样如此。说服娱乐场所和广告投入方接受他的厕所广告并不是一件简单的事情，经过一番苦口婆心的劝说，最后汉王电纸书策划部的一位领导接受了他的建议，就这样第一笔广告谈成了。有了第一次经验，第二次再做的时候就没有那么困难了，而且汉王电纸书的广告也达到了预期的效果，慢慢地，越来越多的公司开始接受马啸天的厕所广告创意。

第一年，马啸天的广告公司一共在餐饮、娱乐场所安放了5000个广告点位，吸引了20多家广告客户，当年的净收入就达到了50万元。对于马啸天来说，这是一种认可，远比金钱更重要。他不仅得到了社会的认同，也得到了客户的赞许。

借着第一年的大好形势，在第二年，他们的广告点位增长到8000多个，客户增加到50家，年净收入达到100万元。第三年的净收入达到了300万～400万元。持续三年的利润高增长，不仅让越来越多的客户认同了厕所广告的价值，还让同行们逐渐认可了这种非主流广告的经营模式。

目前，马啸天准备通过更加精确的资源整合，争取再过两年让企业上市。

谈及马啸天成功模式的时候，有关专家表示：在卫生间里安放广告牌这种方式，是利用有限的闲置的空间，通过传递信息来实现闲置空间价值的新模式，这种模式是值得借鉴和推广的。

生意场上少不了依靠分析信息而产生的创意。一样的东西，稍微加以改造就能收到意想不到的效果，而改造后的东西在很多时候功能并没有变化多少，变的是外观，提高的是价格。懂得利用信息的人能够把生意越做越好，而不懂得利用信息的人则很难把握住商机，生意也很难做好。

其实，商机无处不在，关键是我们如何把握住这些商机。聪明的人会利用各种各样的渠道创造商机，从而拥有更加广阔的市场。而愚笨的人只会守着传统的模式在原地踏步，甚至后退。商人应该时刻记住这么一句话：没有做不到，只有想不到；没有做不了，只有不去做。

　　在信息和机遇面前人人平等，不要总是抱怨命运不公平，不要总觉得运气偏爱那些成功人士，其实你缺少的并不是运气，而是一双善于利用信息、发现机遇的慧眼。

　　人如果有了对信息的充分认识，就能够准确地做出判断和决策，从而有的放矢、更好地发展事业。

"78∶22"经商法则

几千年来，犹太商人遍布世界各地，他们擅长投资管理，精通股市行情，懂得商业谈判，善于进行公关和广告宣传活动，他们总结出了一套科学合理的"生意经"。其中，最为通行的当数"78∶22"经商法则，它构成了犹太人"生意经"的根本。

《塔木德》中说："权力永远掌握在少数人手中，金钱也一样。"

犹太人发现老百姓和富翁的比例是78∶22，但若按财产看的话，富翁的财产和老百姓的财产的比例也正好是78∶22。犹太商人在认识到这一法则后，在经商时就多选择金融业以及钻石生意，于是他们中的很多人成为世界级的商业大亨。

美国企业家威廉·穆尔在为格利登公司销售油漆时，第一个月仅挣了160美元。此后，他研究了犹太人的"78∶22"定律，并仔细分析了自己的销售图表，发现80%的收益来自20%的客户，但是他却对所有的客户花费了同样多的时间。于是，他要求把他最不活跃的36个客户重新分派给其他销售员，而自己则把精力集中到优质客户上。很快，威廉一个月就赚到了1000美元。从此，他经常利用这一原则来做销售，最终成为穆尔油漆公司的主席。

在任何行业里，"78∶22"法则都在发挥效应。而为了迅速地获得财富，犹太商人的常规做法是投资回本较快的行业，把78%的精力集中到富人身上。

1969年12月，犹太商人马歇尔拜访东京一家百货公司，请求该公司为他提供一个销售钻石的柜台。"马歇尔先生，这样的买卖在年关时是不能做的，尽管你认为买主都是些有钱人，但他们也不会拿钱去购买钻石。"百货公司拒绝了马歇尔。但马歇尔还是耐心地说服了这家公司，该公司答应在位于市郊的一家分公司为他提供一个柜台。马歇尔考察了环境，虽然地方偏僻、顾客少，但他认为还是可以做成买卖的。于是他让纽约的钻石商将货品发到了东京，并迅速开展"年关大拍卖"活动。销售的第一天，营业额就达到300万日元，此后马歇尔在近郊和周围地区同时开展大拍卖，结果平均每处拍卖的营业额均超过了5000万日元。

东京这家百货公司看到马歇尔成功了，就答应在总公司为马歇尔提供一个柜台，不过还是担心在近郊已设了点，预测月营业额不会超过2000万日元。马歇尔却不以为然，他声称："在总公司的柜台月营业额必能达到5亿日元。"结果第一个月的营业额就达到 1.8 亿日元，两个月后，竟突破 5 亿日元大关。

犹太商人经常运用"78：22"法则成就自己的财富梦想。罗斯柴尔德也是成功运用这一法则的典范。

迈耶·罗斯柴尔德原本生活在德国的犹太"贫民"区，创业后他花了几年时间建立起世界上最大的金融王国，实现了由穷人变为金融大亨的梦想。罗斯柴尔德有着辉煌的业绩：1833年，在不列颠帝国废除奴隶制后，资助 2000 万英镑补偿奴隶主的损失；1854 年，英俄克里米亚战争中，向英政府提供了 1600 万英镑的贷款；1871 年，帮助法国支付普法战争中的 1 亿英镑赔款；美国内战期间，他所提供的资金成为联邦财政的主要来源。罗斯柴尔德家族在当时控制着世界主要的金融市场，也是犹太商人中最会赚钱的杰出代表之一。

回顾罗斯柴尔德创业之初，他是从 10 岁开始学习经商的，在少年时代就培养出了对古钱币和其他古董的强烈兴趣。但这些东西价值不菲，普通人是无力购买的。他认为销售的最有效办法是拉住最有购买力的贵族，这样才能让自己致富。

于是，罗斯柴尔德开始拟订计划将这些古钱币经邮购方式推销给世界各地的皇亲贵族，还将稀罕珍奇的古币照片编成精美的目录，寄给他所有的顾客。罗斯柴尔德艰辛地开辟着通往宫廷的销售之路。不久，当地的领主比海姆公爵召见了他，罗斯柴尔德不惜以赠送价卖出了他收藏的珍贵古币，这笔交易为他日后建立罗斯柴尔德财团打下了坚实的基础。罗斯柴尔德很清楚，向最有权势和最有财富的人推销他的产品是最有效的途径。于是他以很高的价格收购了这些古钱币，又以低得离奇的价格出售给比海姆。事后，比海姆还帮助他收集古币，替他介绍买主，使他获得了数倍的利润，其实这是一种舍弃眼前小利而获得长远巨额利润的经商眼光与智慧。

罗斯柴尔德日后长期采取这种策略，最初为那些有钱的贵族、领主、大金融家提供服务，从这些人那里获得利益和财富。

罗斯柴尔德45岁那年，适逢法国大革命爆发，比海姆那时已是欧洲最大的金融家之一，并从事着大宗的军火买卖，他将自己的庞大资金借给君主和贵族以赚取高额利息，罗斯柴尔德也同样从这场战争中获得暴利，其家族在自19世纪以来的100多年里，积累了4亿英镑的资产，成为富豪榜上的"常青树"。

富人拥有多数的财富，所以，让他们成为自己的顾客才有可能赚大钱。在中国，"78∶22"法则也得到了很好的运用。有一个做梳子发家致富的商人想必大家都知道，他就是"谭木匠"。

近些年来，中国国内梳子市场上的一些小品牌产品单一，缺乏文化内涵及品位，高端市场更是一片空白。谭传华在这个时候看到很多有钱人对于文化品位的追求，同时也抓住了这个千载难逢的市场良机，适时而出，以其高端、独特的品牌文化开始了"谭木匠"的创业过程。

谭传华是一个残疾人，从小就只有左手，但他却有独到的商业眼光，他发现木梳市场上高端客户对梳子的实用性和文化价值有着特殊的需求，于是依靠30万元贷款从一个小小的手工作坊做起。

依靠传统木梳行业的底蕴，谭传华提炼出"我善治木"、"好木沉香"的理念，精于选材，把中国古典文化和人性情感注入到产品中。

具有古典气息的"谭木匠"品牌、造型精致独特的小木梳、精心设计的包装……无不散发着"谭木匠"的传统文化气息。它将艺术性、工艺性、观赏性、收藏性与梳子的实用性相结合，使小木梳从日常生活用品提升为寄托情感的艺术品。

为了更好地演绎"谭木匠"的品牌文化，谭传华还采用了讲故事的独特方法向不少华侨富商宣传自己的产品。在每一个"谭木匠"专卖店里都工整地装裱有这样一段"家史"："我的曾祖父是一位知名木匠，小有家业。由于爷爷染上鸦片和赌博，把整个家业输得一干二净，万般无奈之下，年轻美貌的奶奶只好求保长将爷爷抓去当壮丁……两年后，爷爷就死在了长沙……父亲含恨学艺，成了一个好木匠。我一直想当诗人、画家，为此付出过惨重代价，几乎饿死街头，但天意不可违，我仍然还是做木匠的命。"这段"家史"也成了"谭木匠"不花一分钱的广告。

很多侨居海外的富商购买"谭木匠"品牌木梳是因为受这段"家史"的影响，因为"谭木匠"触到了他们心底那根最柔软的感情的弦，这样消费就变得不只是简单的花钱了。

如今"谭木匠"已经成为木梳市场上叱咤风云的大品牌，在全国拥有 900 余家连锁店，遍及 31 个省、自治区的 300 多个城市。近几年，其产品更是远销欧美、日本、东南亚等数十个国家和地区。

做生意，需要冒险，也需要运气，但更多的时候需要有重点的经营计划，这样才能有的放矢。而要使这样的计划生效，最快的方法就是从富翁的口袋中"掏钱"，这就是"78：22"法则的奇妙之处。

经营好"人脉"，财源滚滚来

社会发展到今天，人脉的作用已经渗透到各个领域，从生活到工作，没有良好的人际关系，你将寸步难行。尤其是在做生意时，人脉可以说起着决定性的作用。斯坦福研究中心曾经发表过一份调查报告：一个人赚的钱，12.5% 来自知识，87.5% 来自人际关系。人脉已经成为通向财富和成功的"门票"。

犹太人早就认识到这一点，他们在赚钱的同时不断充实自己的人脉"账户"。在犹太人看来，人脉即"财脉"，只要抓住并经营好人脉，滚滚财源就会随之而来。

有一个犹太人本来穷困潦倒，身无分文，但他喜欢交朋友，特别是与有身份的人做朋友，最终，这个犹太人为自己带来了财富。

这个犹太人名叫艾布杜，原来只不过是个出身于社会最底层、连解决温饱都成问题的临时工，如今他拥有 400 万美元的银行存款。他的财富并不是靠经商得来的，而是靠几本签名簿得来的。他致富靠的就是"人脉"。

"我是因仰慕您而千里迢迢从阿拉伯前来拜访的，请您贴一张照片在这本《世界名人录》上，再请您签上大名，我会专门为您加上简介，等它出版后，我会立即寄给您一本。"

被艾布杜拜访的富豪们，一看到艾布杜签名簿里的照片和签名都是当代世界的名人时，会有什么反应呢？

不必说，多数人会心甘情愿地签下大名，并提供照片。这些富豪，一想到能跟世界名人一起被收录到这本书中，便感到无限风光，于是他们毫不吝惜地付给艾布杜一笔数目可观的金钱。

每本签名簿的出版成本不过几十美元，而富豪们给艾布杜的报酬却往往超过上千美金。艾布杜花了整整 6 年的时间拜访了世界上 96% 的国家的名人，提供给他照片与签名的名人共有 2 万多人。给他酬劳最多的有 2 万美元，最少的也有 50 美元，他总计收入大约 500 万美元。最后他确确实实为他们出版了《世界名人录》，但是他拿到的报酬远远高于出版的费用，他赚了个盆满钵满。

想要挣钱确实没有那么容易，但如果你懂得经营人脉，一样可以赚大钱。

洛克菲勒之所以能够在竞争中屡屡胜出，其中的秘诀便是他奉行"善走上层路线者必成强者"的人脉经营法则。

1890 年，洛克菲勒的标准石油公司受到俄州最高监察厅厅长华特森的指控，控诉该公司违反了《垄断禁止法》。但此时的洛克菲勒却毫不紧张，因为当时美国医学界最具权威的连总统哈那逊都要礼让三分的参议员马克·哈那是洛克菲勒的少年好友，他以鲜明的立场站到了洛克菲勒这边，还写了一封信给华特森指明利弊，结果华特森很快就撤诉了。

善于运用人脉是洛克菲勒从商生涯中最为得意的战术，他在商界、政界的新朋故友，总会在商战的关键时刻助他一臂之力。

曾任美国某铁路公司总裁的A·H.史密斯说："铁路的95%是人，5%是铁。"在投资界也有一句名言："投人、投人、投人。"人脉是经商者拓展生意的有效手段。犹太人更是善用人脉为经商投资铺路，从而获得滚滚财源，比如乔治·索罗斯最初的成功就是依靠两个朋友的影响与帮助。

索罗斯从伦敦经济学院毕业后，很快发现要想赚到大钱，投资银行业是最好的选择。于是，他给城里所有的投资银行发了自荐信，他最终得到了一家银行的实习机会。从此，索罗斯的金融生涯开始了。索罗斯在工作中勤勤恳恳，而且很有主见。由于德国安联保险公司的股票和房地产投资价格上涨，其股票售价与资产价值相比大打折扣，于是索罗斯建议立刻购买安联公司的股票。摩根担保公司和德累福斯基金根据索罗斯的建议购买了大量安联公司的股票。事实证明，安联公司的股票价值翻了3倍。索罗斯也因此名声大噪。

后来索罗斯到了美国，为他以后的投资生涯带来重大转折的是他的朋友吉姆·罗杰斯。二人结成联盟，成为华尔街上的"最佳黄金搭档"。1973 年，他们创建了索罗斯基金管理公司。公司刚开始只有 3 个人：索罗斯是交易员，罗杰斯是研究员，还有一个人是秘书。他们订了 30 种商业刊物，收集了 1500 多家美国和其他国家的公司的金融财务记录。罗杰斯每天都要仔细地分析研究 20 ~ 30 份年度财务报告，以期寻找到最佳的投资机会。在他们的共同努力下，公司最终得以发展壮大，在纽约首屈一指。

在回顾发家史时，索罗斯最感谢两个人，一个是他的大学老师卡尔·波普——卡尔·波普的严格教导，为索罗斯建立金融市场运作的新理论打下了坚实的基础；另一个就是他的朋友罗杰斯。这两个人，是索罗斯成为"金融大鳄"的重要支持。

犹太商人大多拥有广泛的人脉关系网，他们通过与知名人士交往获得更多更好的机会。他们知道，交往越广泛，遇到机会的概率就越高。

哈维·麦凯在大学还没毕业时就开始四处找工作。当时的大学生很少，他自以为可以找到一份很好的工作，结果却事与愿违。哈维·麦凯的父亲是一名记者，人脉很广，认识很多政商两界的重要人物。多年前，哈维·麦凯的父亲帮助过一名叫查理·沃德的人，对此查理一直心存感激，想找机会报答他。直到有一天，他们又见面了，沃德听说哈维·麦凯正在找工作，便答应帮他寻找一份合适的工作。不久，沃德打电话，让哈维·麦凯隔天早上 10 点直接到他的办公室面谈。第二天，哈维·麦凯如约而至。沃德兴致勃勃地与哈维·麦凯聊起了他的父亲。整个谈话过程非常轻松愉快，本应严肃的面试变成了聊天。之后，查理·沃德很快就给哈维·麦凯安排了工作，还是薪水和福利最好的岗位。

这对哈维·麦凯来讲不仅仅是一份工作，更是一份事业。42 年后，哈维·麦凯成为全美著名的信封公司——麦凯信封公司的老板。哈维·麦凯在信封公司工作期间，熟悉了经营信封业的流程，懂得了操作模式，学会了推销技巧，积累了大量的人脉资源。正是人脉的积累，成就了哈维·麦凯的事业。

犹太人善于凭借洞察力，最早最快地积聚人脉，并用心经营。他们知道，在这个讲究双赢或多赢的时代里，一个人"孤军奋战"难成大业，只有借助强大的人脉平台，才能获得成功。

管理学大师彼得·德鲁克曾提出一个有趣的比喻："要清理你的人脉，就像清理你的衣橱一样。"意思是说要不断"编织"新的人脉网络，整理以前的人脉资源，选择对你最重要的人，这对你的事业的发展意义重大。

犹太人认为，人脉资源是一种无形的资产，潜藏着巨大的财富。人脉即"财脉"，永远不要低估人的力量，谁能凝聚人脉，谁就能最终获得成功。

"会说话" 对经商很重要

中国有句古语："一言之辩重于九鼎之宝，三寸之舌强于百万之师。"得体的言语在人际交往中是不可缺少的，商人每天都要与各色各样的人打交道，学习、掌握说话的技巧，既可以化解矛盾，又可以为自己创造更多的机会。

很多时候，说话的方式和语气、语调比说话的内容更为重要，委婉、得体的措辞，往往更具感染力和说服力。能够把话说得让别人喜欢听、容易接受，这是一种很重要的能力。

有一个工作了几十年的理发师，他潜心栽培了一个徒弟，准备让这个徒弟接自己的班。徒弟学艺完成，这天正式开始单独给顾客理发。

他给第一位顾客理完发后，顾客照照镜子说："头发留得太长了。"徒弟一听不知如何是好，站在那里一声不吭。师傅在一旁赶忙笑着解释说："头发长，显得您含蓄，这叫藏而不露，很符合您的身份。"客人听了，高兴而归。

紧接着第二位顾客进门了。徒弟给第二位顾客理完发后，顾客照照镜子说："头发剪得太短了。"徒弟还是无语。师傅笑着解释说："头发短，显得您精神、朴实、厚道，让人感到亲切。"第二位顾客在这样的赞美声中也高兴地付了钱，欣然离去。

徒弟为第三个顾客理过发后，主动征求了顾客的意见。顾客一边交钱一边笑道："花的时间挺长的。"徒弟无言。师傅笑着解释："为'首脑'多花点时间很有必要，您没听说：进门苍头秀士，出门白面书生？"顾客点头称道，表示下次还会光顾。

徒弟为第四位客人理完发，还没来得及征求意见，顾客就一边付款一边笑着调侃道："动作挺利索的，不到20分钟就解决问题了。"徒弟不知所措，沉默不语。师傅笑着答道："如今，时间就是金钱，速战速决，为您赢得了时间和金钱，您何乐而不为？"顾客听了，觉得很有道理，也很高兴。

忙碌的一天结束了。徒弟怯怯地问师傅："要不是有您处处替我说话，我今天的麻烦可大了，在这些客人看来，我好像没一次做得让他们满意。"师傅笑道："其实，每一件事都有两重性，有利有弊，没有绝对。我之所以在顾客面前为你说话，作用有二：对顾客来说，是讨人家喜欢，因为谁都爱听好话；对你而言，既是鼓励又是鞭策，因为万事开头难，我希望你以后把活做得更加漂亮。"徒弟很受启发，并在日后的工作中越做越好。

"千金难买心头好。"犹太人在商场中，常常能够讨得别人的欢心，因此做事往往能够事半功倍。生意中离不开洽谈，人们都喜欢与说话得体、让人舒心的人合作。这样不仅可以赚到钱，还可以交到朋友。

小王和小李是同学，都毕业于某高校。他们同时应聘到某公司项目部。小王平时为人不拘小节，说话没有分寸，想到什么说什么，经常在无意间得罪人，因此大家都不怎么喜欢他。但是，碍于小李，同事们都没有说什么。

项目部主任把他们分到一组，让他们去谈一个项目的合作计划。小王和小李都去了，小王觉得自己掌握的知识比较多，所以就占据了谈话的主要位置，在洽谈的过程中，他说："这个地方的整个设计给人感觉非常世俗，充满铜臭味。"小王忘记了，他们谈合作的这个地方正是对方生活的地方。结果，对方说："贵公司的设计太过高雅，我这个粗人欣赏不了。等我以后达到您的欣赏水平，再请贵公司帮我设计吧！我还有事情，你们请回。"

回到公司之后，小李跟对方通了个电话道歉。小李说："您好，我是某公司项目部的小李，今天我们见过面。我先为今天我同事的话向您道歉。其实那个地方设计得富丽堂皇，彰显了住在那里的人的身份，是我们不会欣赏才对。您既然想装修，肯定是不想住在这么奢华的地方，想回归自然吧！""这边的装修确实存在问题，但是你那个同事说话欠妥当。这样吧，你过来，我们谈一谈！"对方说。小李一个电话，说了几句得体的话，项目便最终谈成了。

谁都爱听好话，学会用得体委婉的言语表达自己的意见和建议，可以赢得更多人的好感，使更多人愿意与你交往，愿意参考你的观点，这样也能为你自己争取更有利的局面和处境。

很多时候，决定商品销售最终能否达成的关键就在于是否能够在合适的场合说对话，让顾客满意，让顾客听着舒心。一个优秀的商人必须具备在各种场合说合适的话的能力，因为良好的人际关系对于商人来说至关重要。犹太商人深谙此道，因此也就得以在商场中大放异彩。

做生意要因人而异

《塔木德》中说："面对客户，时而露出天真笑脸，时而装扮老成模样。"商人面对不同的人要采用不同的对策，因为每个人都有自己不同的爱好和所忌讳的事情，只有"投其所好"，对方才会高兴。最重要的是，这样做往往能够取得很好的效果，较快地达到自己的目的。

在生意场上，那些善于变通的人不管在哪里都能"吃得开"。作为一个商人，要想达成交易，就必须能够"投客户所好"。这也是一种应变能力。

虽然我们在处理问题时，总是习惯性地按照常规思维去思考，但是每个人的性格、身份、地位是不同的，因此，学会看人说话，是一个生意人必须具备的本领。

一个小徒弟跟着铁匠师傅学艺，他认真又勤奋，所以没过多久就把师傅的手艺学得差不多了。小徒弟认为，既然手艺学得差不多了，那么就应该是自己接活做生意的时候了。当小徒弟把自己的想法和师傅说了之后，师傅没有提出异议，只是让他先打四把斧子，等打好之后再在店里练习一段时间。小徒弟心里不以为然："不就是打四把斧子吗？这有什么难的！"斧子很快打好了，第二天，小徒弟就开始接活了。

第一个顾客是个中年农民，他抱怨斧子太沉。小徒弟不知该如何应对，这时，站在一旁的师傅走过来对农民说："您身体强壮，斧子大点儿看着才相称！"于是，中年农民高高兴兴地买走了一把斧子。

第二位顾客是个屠夫，他用手掂了掂斧子，然后不满意地说："斧子太小，砍骨头恐怕不行！"小徒弟心想，这笔生意恐怕是做不成了，这时师傅出面对屠夫说："这把斧子肯定能用，太大了手臂容易酸。"屠夫连连点头，这笔生意也做成了。

第三位顾客是一个年轻的樵夫，他说斧子基本还行，但是斧头仍需要做一些改进。小徒弟听了急忙按照樵夫的要求认认真真地修改。可是，等他忙完之后，樵夫却抱怨："怎么用了这么长时间？"小徒弟心里十分着急，想要与对方理论，又怕丢了生意，于是又去请在后屋的师傅过来。得知事情的来龙去脉之后，师傅笑着对樵夫说："慢工出细活嘛！这斧子保管好用！"樵夫满意地买了斧子走了。

还剩下最后一把斧子了，这时，进来了一位老人。老人问小徒弟："这把斧子是新做的吗？"小徒弟回答："是的，昨天刚做了4把，这是最后一把了。"只见这位老人紧皱着眉头说：

"这么快就做好了？恐怕打得不到火候吧！"小徒弟哭笑不得，这时师傅上前解释说："这不是怕您老着急伤了身体吗？这可是我徒弟连夜打出来的，质量绝对没问题！"老人一听，喜得眉开眼笑。一单生意又做成了。

这时，小徒弟决定不走了，因为自己做生意的本事还没有学成。

从上述故事可以看出，做生意需要因人而异，这样才能和客户关系融洽，才能让客户满意，从而促成交易。那么，如何做到这一点呢？这就需要锻炼自己随机应变的能力，面对不同的客户，说不同的话，灵活应变，满足客户的需求，顺利达成交易。

商人不仅要讲诚信，做事时更要懂得灵活变通，这样才能把事情办得漂亮，也才能将生意做大做强。

生意场上应多做"人情投资"

生意场上，三分生意，七分人情。人际关系的好坏在某种程度上决定了生意的成败。

成功的商人靠"人缘"。人缘好的人成功的机会也多，做生意也会事半功倍。而要拥有好人缘，就离不开人情投资，这些花费不算太大，可是回报率却很高。犹太商人最懂得在生意场上做人情投资。因为他们知道，在生意场上，适当的人情投资不仅可以拓宽自己的人脉，而且可以给自己带来丰厚的回报。

从某种意义上来说，投资人情和经营企业一样重要，因此，商人既要学会与人打交道，又要洞察人情世故，懂得拿捏分寸。那么，什么样的人情才值得投资呢？让我们来看一个例子：

美国休斯可公司的创建人比尔，以350美元起家，在短短10年内发展成为拥有1000万美元资产的美国最大的皮鞋制造商。有一次，休斯可公司生产的白带鞋、白扣的软皮鞋在辛辛那提州失去了销路，零售商每天打电话要求退货，这可急坏了负责这一地区的批发商古佳伦，他连夜赶来找比尔商量对策。

如果把货收回来，积压在家里，批发商将受到巨大的经济损失。比尔说："你的困难，就是我的困难，不管是什么原因造成的这种局面，我绝不会让你受损失，你把白带鞋、白扣的软皮鞋统统收回，送到我这里调换成别的式样的鞋。"这件事传出去以后，全国各地的批发商对比尔都十分敬重。后来在比尔遭到困难时，许多批发商、零售商自愿帮助比尔渡过难关。

有一年，河水决堤把比尔用贷款刚刚新建的现代化皮鞋厂的设备、材料、产品几乎全都冲走了，在他万念俱灰的时候，比尔销售网中几个较大的批发商登门拜访，鼓励他重整旗鼓。可是，比尔连还债的钱都没有，哪里还有资金兴建工厂。那几位大批发商决定让全国各地的几百位批发商也来帮忙，不久大家就凑齐了比尔重建新厂的资金，一个星期后，比尔就恢复了生产。

人非草木，孰能无情？比尔在别人困难的时候舍己为人，伸出援助之手，所以，当他遇到困难时，他也得到了别人的帮助。

犹太商人认为，经商就是做人，商业智慧无非就是处理人际关系的技巧。做生意其实就是"做关系"，而"关系"的维护在于人情，人情的多少决定了生意的成败。比尔之所以能站住脚跟，将事业做大，靠的就是人情投资。

可见，人情投资在生意场上是很有必要的。人情投资就像是银行储蓄一样，积累到一定的时间后才会有成效，而且存得越多，存得越久，所得的利息也就越多，回报也就越大。精明的商人都懂得"生意不成人情在"的道理，在做生意的过程中都会给对方留有余地，为之后的生意做人情投资。那些成功的商人都会在生意场上给自己留条"后路"，给竞争对手或者是合作伙伴投入一份人情，而人情的回报通常都是巨大的。

一位销售专家说："如果你找到了与潜在客户的共同点，投入足够的人情，他们就会喜欢你、信任你，并且购买你的产品。"有人情味的销售才是成功的销售，经商也是如此。

用真诚的服务赢得长久的客户

　　犹太商人的自信、诚恳是很多人所熟知的。他们为了信守承诺，就算让自己吃亏也不会让对方赔钱。正因为如此，客户才愿意与他们长久合作。犹太人认为，要想长久赢利，就必须用真诚的服务对待自己的客户。

　　"做生意最大的成功之处不在于赚多少钱，而在于为他人提供多少服务。"这是洛克菲勒的至理名言。更深层次地解读一下就是，为他人提供服务的过程就是通过努力争取他人认可的过程，获得别人的认可才是真正的成功，更是成功的关键。

　　乔·吉拉德是众所周知的犹太富商，被誉为世界上最伟大的推销员之一。那么，他的推销秘籍是什么呢？

　　有一次，一位中年妇女走进乔·吉拉德的展销室，说她想在这儿看看车打发时间。闲谈中，她告诉乔·吉拉德她想买一辆白色的福特车，就像她表姐开的那辆一样，但对面福特车行的人让她过一小时后再去，所以她就先来这儿看看。她还说这是她送给自己的生日礼物："今天是我 55 岁的生日。"

"生日快乐！夫人。"乔·吉拉德一边说，一边请她进来随便看看，接着出去交代了一下，回来后对她说："夫人，您喜欢白色的车，既然您现在有时间，我给您介绍一下我们的双门式轿车——也是白色的。"

两人正谈着，乔·吉拉德的女秘书走了进来，递给他一束玫瑰花。乔·吉拉德把花送给那位夫人说："祝您生日快乐，尊敬的夫人。"这位女士很受感动，眼眶都湿了。"已经很久没有人给我送过礼物了。"她说，"刚才卖福特车的那个人一定是看我开了部旧车，以为我买不起新车，我刚要看车他却说要去收一笔款，于是我就上这儿来等他。其实我只是想要一辆白色的车而已，只不过表姐的车是福特，所以我就也想买福特。现在想想，不买福特也可以。"

最后这位女士在乔·吉拉德这儿买走了一辆雪佛莱，并写了一张全额支票。其实从头到尾，乔·吉拉德的言语中都没有劝她放弃福特车而买雪佛莱车。只是因为这位女士在这里感觉受到了重视，她对乔·吉拉德的服务给予了高度的认可，于是才放弃了原来的打算，转而选择了乔·吉拉德的产品。乔·吉拉德的推销术就是先倾听对方的心声，然后用真诚的服务打动对方。

在商场上，以真诚的态度为顾客服务比巧舌如簧更重要。真诚有一种神奇的力量，可以让对方获得尊重和满足，让自己赢得认可和信任。

第六章　凭精明的大脑和真诚的服务

有这样一个故事：

一个装饰公司的业务员坐火车出差时，睡在她对铺的是一位七十多岁的老人，半夜里这位老人突然发起高烧。业务员赶紧爬起来为老人联系医务人员，寻找退烧药品，为其更换降温毛巾，来来回回折腾了一晚上都没睡，在她的照顾下，老人总算安然无恙。到站后，为了表示感谢，老人记下了业务员的联系方式。一个月后，这位善良的业务员接到那位老人的儿子的电话。说来也巧，老人的儿子正好是地产开发商，为了表示谢意，他把自己旗下所有的房屋全部交由她的公司来装修。这样，这位业务员公司的业务量大大增加，她的业绩也成为全公司最好的，老板不久便提升她当了主管。

很多人会觉得那个业务员运气好。其实，不是她运气好，是她用自己的爱心得到了潜在客户的认可，赢得了目标客户。

曾任通用面粉公司董事长的布利斯说："我告诉我的推销员，如果他们每天早晨开始干活时这样想：我今天要用心服务好尽可能多的人，而不是我今天要推销尽量多的货，他们就能找到一个跟买家打交道的更容易、更开放的方法，他们销售的成绩也就会更好。谁尽力帮助其他人活得更愉快、更潇洒，谁就达到了推销术的最高境界。"

犹太人通过实践得出这样的真知——以真诚的态度为顾客服务，才能维持长久的合作，赢得更多的客户。